다시 태어나도 오늘처럼

| 일러두기 |

1. 편지는 원문 그대로 실었으나, 가독성을 해치는 몇몇 경우에는 독자의 이해를 돕기 위해 지금의 한글 맞춤법을 따랐다.
2. 원문 중 한자와 영문은 한글로 바꾸었고 필요한 경우 한자와 영문을 병기하였다. 가능한 한 현재의 외래어 표기법을 따랐으나 저자가 의도한 몇몇 경우에는 편지에 있는 대로 당시의 표기법을 살렸다.
3. 사적인 내용이 포함된 사람의 이름은 실명을 밝히지 않고 OO로 처리하였다.

다시 태어나도 오늘처럼

60년간 편지로 쌓아올린
애틋한 사랑과 삶의 역사

장충식 신동순 부부 편지

nosvos

진실한 사랑의 숭고함

긴 세월 두 분의 순애보를 엮은 이 책『다시 태어나도 오늘처럼』은 사사로운 교신이란 이유로 두 분이 출간하는 것을 고사했습니다만, 동료와 후학들이 마음을 다해 오늘 세상에 내놓게 되었습니다.

젊은 시절의 꿈을 접고, 창학하신 엄친의 유업을 숙명으로 받아들여 험난한 역경을 견디고 반석 위에 대학을 키우신 두 분의 순명, 열정, 인내. 그 역사가 이 서간집에 아련하게 담겨 있어 두 분과 오랫동안 가까이 했던 사람들의 가슴에 큰 감동으로 전해옵니다.

이 책에는 두 분이 삶의 여정에서 고스란히 간직했던 고달픈 일상 그리고 변함없는 관심과 서로 희생하려는 마음이 날줄과 씨줄처럼 엮여 있습니다. 그래서 그 시대를 함께 산 우리가 결례를 무릅쓰고 두 분의 삶의 여정을 공유하고 나누는 것은 우리에게 가장 아름다운 격려가 됩니다. 또 편지의 행간에서 느껴지는 진실한 사랑의 숭고함은 마치 잠언처럼 우리를 묵상하도록 만듭니다. 두 분의 글은 부부간의 진실과 솔직함은 어떤 장애도 이기는 힘이 되고 세상을 변화시키는 지혜라는 것을 증거하고 있습니다.

열화 같은 연애시절의 구애 편지, 결혼 이후에도 줄곧 식지 않는 열정을 들여다보면서, 새삼 서간문 주인공의 심상과 사랑을 느낍니다. 그리고 그동안 대하소설『그래도 강물은 흐른다』와 수백 편의 수필 등 십여 권의 문집을 간행할 수 있는 동력의 원천임을 짐작하게 됩니다.

세상에 밝혀지는 것을 극구 만류하여 제외한 불우 청소년들과 나눈 편지, 자녀와 가족간에 주고받은 글 등 천오백여 편의 편지도 정리하여 간행했으면 합니다.

바라건대 서간문『다시 태어나도 오늘처럼』와 같이 앞으로도 오늘처럼 두 분께 동화 같은 사랑과 평화가 있으시길 바랍니다.

2015년 5월

김상배

60년 부부 역사를 책으로 펴내며

용석 할머니에게

그새 잘 있었어요. 당신이 보낸 글을 보니 하와이는 따뜻한 것 같아요. 여기 서울은 영하 8, 9도의 추위가 이어지고 있어요. 당신이 나이 여든이 넘었는데도 친구들과 함께 골프를 칠 수 있다는 것이 얼마나 다행한 일인지 몰라요. 우리 부부에게 건강을 주신 하나님께 늘 감사한 마음을 가지고 살아야 합니다.

날보고 식사를 어떻게 해결하는가 하고 걱정하지만 나는 조금도 불편이 없어요. 아침식사는 인절미나 쌀국수로 끼니를 채우고 과일 한 쪽이면 충분해요. 점심은 늘 외식하는 습관대로 김밥을 사다 먹고, 저녁식사는 소화 잘되라고 죽을 사다 먹어요. 그래서 그런지 한 번도 속이 불편한 적이 없어요.

혼자 지내는 날보고 며느리와 딸들이 집에 와서 저녁밥을 해주겠다고 매일 전화를 하지만 선약이 있다고 아이들의 요청을 사양합니다. 우리 아이들도 바쁜 일에 쫓길 터인데 아이들의 수고를 덜어주고 싶어요. 당신이 여행하는 동안 나 혼자 지내는 것이 딱하게 보이는지 제자들이 번갈아가면서 저녁식사에 초대해주어서 말동무하느라 자리를 함께 하곤 합니다. 어느덧 제자들도 환갑을 넘겼거나 정년을 맞이한 사람들이 태반이랍니다.

제자들을 만날 적마다 '아, 나도 이제는 늙었구나' 하고 실감합니다. 내가 주례를 서준 제자들의 자녀가 성장해서 결혼을 한다고 청첩장을 들고 오는 일이 자주 있어요. 당신이 없는 사이 벌써 제자의 아들 결혼에 주례를 두 번이나 섰다오.

제자들이 내게 당신이 없어 불편이 많을 터인데 하고 물어요. 그래서 내가 아내에게 주는 가장 큰 선물이 무엇인 줄 아는가 하고 되물었더니 전부들 동문서답을 합니다. 그러면 나는 일 년에 두 달, 여름에 한 달, 겨울에 한 달, 아내를 가사노동에서 해방시켜주는 일이라고 대답해줍니다. 내 곁을 떠나서 친구들과 자유롭게 운동하고 한담하며 많이 웃고 맑은 공기를 마시면서 이국의 자연을 마음껏 감상하고 즐기고 돌아와요.

당신 말처럼 올해는 우리가 결혼 한 지 60년이 되었어요. 그날을 기념하기 위해서 제자들이 작은 음악회를 열어준다고 합니다. 당신이 없는 동안 벽에 걸려 있는 우리 부부의 사진을 바라보면서 당신에게 청혼했을 때를 떠올렸습니다. 그때 당신이 나에게 두 가지를 약속해달라고 부탁한 일이 생각납니다. 그것이 무엇인지 알아요?

우리 집안 내력이 술을 많이 드는 것을 알고 나에게 술을 하지 말라는 것과 절대로 정치를 하지 말라는 것을 부탁했어요. 나는 당신에게 그렇게 하겠다고 약속하고 지금껏 약속을 지켰다고 자부합니다. 사실 대장부는 작은 일부터 약속을 잘 지켜야 큰 약속도 지킬 수 있다고 생각해요.

60년간 사남매를 탈 없이 키웠고 손자손녀가 일곱이고 그중 셋이 결혼을 했어요. 당신과 데이트한 일이 어제 같은데 손자손녀들이 전부 혼기에 접어들었으니 세월이 참 빠르다는 것을 느껴요. 혹 당신은 날 만난 것을 후회한 적 없는지요?

올해 내 나이 84세요. 늙은이 축에 속한다고 생각하니 한편 서글픈 생각도 들어요. 그럴수록 건강을 유지하면서 당신에게 남편으로서의 도리와 봉사를 잘하겠다고 마음속으로 다짐하고 하나님께 기도합니다. 만날 때까지 건강하기를 빌어요. 안녕.

2015월 1월 27일

용석 할아버지

호성 아버지 보세요

나는 무사히 하와이에 도착했습니다. 당신 혼자 집을 보게 하고 나만 따뜻한 하와이에 와서 즐거운 시간을 보내니 당신에게 미안한 마음과 감사한 마음을 동시에 품게 됩니다.

올해는 당신과 내가 결혼한 지 어느새 60년이 되었구려.

지난 세월을 되돌아보면 괴롭고 힘겨운 일도 많았지만 남과 달리 우리는 늘 한마음으로 슬기롭게 난관을 돌파해왔어요. 그 힘은 오로지 부부애를 바탕으로 생활해왔기 때문이라고 생각해요.

당신은 성격이 급하고 날카로운 편이지만 그래도 언제나 매사 나에게 너그럽게 양보해주고 나를 내세워주어서 나는 용기를 가지고 당신을 내조하는 데 큰 어려움이 없었어요.

그새 우리가 낳은 사남매가 잘 성장해서 이 사회에서 부끄러운 존재가 아니라 우리가 교육한 대로 뜻을 세워 사회의 유용한 일꾼들이 되었으니 이 모든 것이 우리 부부의 협동정신의 덕이라고 생각합니다.

서울에서는 너무 추워서 우리 같은 늙은 사람은 밖에서 운동도 할 수 없는데 당신이 나를 배려하여 친구들과 운동할 수 있는 기회를 만들어주어서 다시 한 번 당신의 사랑을 깊이 느낄 수 있어요. 고맙고, 고마워요. 내가 당뇨병에 걸린 이후 당신이 나에게 운동을 해야 한다고 골프를 권하고, 막상 당신은 즐기던 골프를 그만두고 산행으로 운동을 대신하는 정성에 내가 어떻게 보답해야 할지 모르겠어요.

당신 말대로 "건강한 당신이 있어서 나는 행복하오." 60년 전 우리가 결혼하던 그때의 마음이 하나도 녹슬지 않았다는 증거라고 생각해요.

운동 잘하고 건강한 몸으로 당신 곁을 찾을 것입니다. 안녕.

2015월 1월 20일

하와이에서, 당신의 동순

1954년 서울대학교 사범대 재학 당시 교정에서. 가장 빛나고 아름다운 시절부터 힘들고 고통스러운 시절까지 두 사람은 언제나 함께였다.

2005년 금혼식 때의 모습. 20대의 풋풋한 연애시절부터, 사남매, 일곱 손자손녀의 할아버지, 할머니가 되기까지 두 사람의 사랑은 점점 더 깊어져갔다.

차례

장충식, 신동순 부부는

1953년 12월 23일 서울대학교 사범대에서 처음 만났다.

첫 만남 이후 장충식은 신동순에게 절절하고도 정열적인 사랑 고백의 편지를 보냈고,

신동순은 그런 장충식의 패기와 정열에 완전히 마음을 빼앗기고 말았다.

신동순은 편지에서 "우리가 처음 만난 날을 바로 엊그제 같이 선명히 회상할 수 있어요.

우리는 만난 첫날부터 완전히 결합이 된 셈이죠"라고 고백한다.

1부에는 두 사람의 풋풋한 연애시절 그리고 결혼 8년 만에 미국으로 유학을 떠난 당시

장충식이 신동순에게 보낸 편지가 담겨 있다.

타지에서 밤낮으로 일과 공부에 매진하며 남편으로서, 가장으로서,

아버지로서의 의무와 책임을 다하는 장충식의 고뇌와 사랑이 생생하게 담겨 있다.

특히 미국에서 뒤늦게 아내의 입원 소식을 듣고 교수들을 찾아가

시험날짜를 조정하면서까지 귀국을 서두르는 모습은 읽는 이의 가슴을 절절하게 울린다.

1부

그대는 나의 행복의 꽃입니다

장충식 1953. 12. 31~1964. 5. 25

그대는 나의 영원한 행복의 꽃입니다

동순 씨 앞

바다보다도 하늘보다도 더 넓은 인간의 마음을 토막진 말과 제한된 글로써 어이 표현할 것이며, 또한 아름다운 삶을 찾았으니 환희에 미어질 듯한 이 심정을 작은 종이 위에다 펜을 빌려 어이 형용하리까!

찬란한 자연의 가경과 장엄한 자연의 신비에 도취되어 삼매지경에 다다를 땐 허무한 인생의 그늘에서 죄악의 공포에 사로잡혀 욕심과 허영에 날뛰는 인간의 운명이 야속하기 한이 없구려! 인생에 쓰라린 것이 있다면 그 쓰라림은 바로 이 몸이 걸어온 과거였으며, 인생에 슬픔이 있다면 그 슬픔은 어린 이 마음에 깃들은 고민이었고, 인생에 고충이 있다면 그 고충은 바로 이내 심정이었음에 틀림이 없으리다. 인생이란 그 자체가 허무한 것이 아니라 인간의 마음이 진실에서 벗어나 참된 생을 요구하는 자아를 찾아내지 못하였으니 '인생'이란 두 글자는 '허무'하다는 두 글자와 같은 의미를 갖게 되었으리다.

신비하고 숭고한 자연은 죄악의 길을 걸어온 나에게 무언의 성자로서 항상 무언의 교훈을 던져주고 있습니다. '동순 씨' 하고 불러보는 이 마음은 불변의 푸른 꿈에 젖어 있으며, 하늘을 쳐다보고 나는 맹세하였습니다. 한낱 티 없는 옥과 같이 이 마음 또한 굳어졌습니다. 허공의 무심한 달을 바라보고, 울어야 할 인간과 웃어야 할 인간이 엄연히 갈라서게 되거늘, 어찌 오척단신의 인간의 마음이 단순하다고 볼 수 있겠습니까.

이와 같이 인간의 마음은 진귀하고도 교묘하고도 복잡한 무형의 영물입니다. 이내 마음이 맑고 진실하다면 이내 자신, 자연을 찬미하면서 뜻 깊은 인생을 찬양할 수도 있는 것이며, 이내 마음이 어지럽고 티가 있다면 인생과 자연을 종시일관 저주할 것입니다. 이내 마음이 맑고 진실한 데서 진실한 그대를 바라볼 수 있고, 끊을 수 없는 인연을 맺어 참된 사람을 위해 실한 목숨을 아낌없이 바칠 수도 있는 것입니다.

끝없이, 말없이 흐르는 세월에, 끝이 있는 수명을 가진 우리 인간! 삶이란 것은 미지의 무덤을 가리키는 인생의 숙명! 소식 없이 닥쳐오는 설움과 기쁨에 쓰러지고 또한 피어나는 인간의 운명!

세월의 흐름에 목숨을 깎기며 설움보다도 기쁨을 찾는 인간의 삶을 향유하였다면, 하늘에서 물려받은 천성을 지니고서 이 속세에서 과연 무엇을 위해, 무엇을 해야 옳은 것입니까. 굳어진 결심과 신 앞에 맹세한 이 마음이 깨어지고 흩어진다면 만물의 영장이라는 인간으로서 살 보람이 어디 있으리오! 진실한 내 짝이 될 수 있는 여성이 바로 동순 씨라 신뢰하였기 때문에, 참된 이 믿음을 소중히 살리기 위해 실한 생명까지도 바치노라 맹세하였나이다.

비록 육신은 시들어 썩는다 할지라도 참된 마음속에 피어난 젊은이의 열광적인 사랑이야 천년만년 가지 않겠습니까. 동순 씨를 믿는 이 마음, 내 목숨처럼 동순 씨를 아끼고 사랑하고 싶은 이 마음을 하늘에서 물려받았거늘 어이 양심을 파먹으면서 참된 사랑을 바라오리까. 양심을 속이는 자는 능히 하늘을 속일 수 있으며, 하늘을 속이는 자 능히 사람을 배반할 것이외다.

교착된 현실에 사로잡혀 어지러운 망상에 마음을 찢기면서 죄악의 함정에서 인생을 저주하고 운명을 원망하기보다는 헐벗고 굶주리고 비참한 주검을 당하는 운명이 닥쳐온다 할지라도 깨끗한 마음에서 아름다운 인연을 맺고 행복한 인생의 보금자리를 꾸며보는 것이 얼마나 즐겁고 기꺼우리까!

이 마음이 변한다면, 푸른 바다와 물빛도 태양의 정열도 변하고 식으리다. 이 인간의 좁은 마음이 변하여 자연 진리마저 깨진다면,

이 몸은 천벌을 받아도 기뻐서 죽으니 무슨 한이 있으리까. 그대의 편지를 읽고 또 읽고, 다시 한 번 읽고 새롭게 읽을수록, 감격에 이 가슴 터질 듯합니다. 생부육모를 진실로 공경하고 사랑할 수 있는 충식이기에 이 가슴속에 피어난 동순 씨를 진실로 사랑할 수 있으리라 믿습니다. 어버이를 모르는 자 어이 아내를 알며, 아내를 사랑할 수 없는 자 어이 자식을 사랑하며, 자기 일가친척을 사랑하지 않는 자 어이 민족을 사랑하리까!

동순 씨 앞에 행복이 오는 일이라면 피를 삼켜가면서라도 모든 괴로움을 오히려 즐겁게, 달게 받겠습니다. 진실한 우리의 사랑을 위해 쓰라린 환경을 돌파하고 모든 장애물과 온갖 간난을 걷어차고 동생동사의 운명의 길로 동행하기를 하나님 앞에 맹세하나이다! 그대를 위해 내 목숨이 아깝지 않거늘 죽어 썩는 이 몸, 무엇이 아까우리오!

팔목 위에서 가는 소리로 똑딱거리는 초침마저 우리를 무덤으로 재촉하면서, 한편으로는 우리의 사랑을 굳게 빚으라고 외치는 듯합니다. 졸렬하고 무지한 이 몸과 넋이 그대 마음의 등불이 될 수 있다면 그대는 이 마음의 영원한 행복의 꽃송이입니다. 시들지 아니하는, 시들 줄 모르는 마음의 꽃송이가 시드는 날이면 이 몸은 무덤 안의 고혼이 될 것입니다!

이 의로운 사랑은 하늘과 그대와 나만이 알고 있을 따름! 하다못해 말 못하는 삼라만상까지라도 참된 우리의 사랑과 아름다운 인연을 찬미찬양할 것입니다. 눈에 보이지 않는 신마저도 즐거워하시겠지요. 사랑하는 그대 앞에 진심으로 고백합니다.

저물어가는 계사년을 보내며, 충식 씀

1953년 12월 31일 밤 12시

펜대를 앞세워 그대 곁을 찾아갑니다

사모하는 동순 씨 앞

해는 지고 조각달은 홀로 뜬 채 오늘도 외로이 저무는데 고독에 찢어지는 이내 마음 둘 곳 없어 해 지면 일 많고 분주한 펜대를 앞장세워 사모하는 그대 곁을 찾아갑니다. 해 지면 적막이 어둠에 깃들고 덩달아 침묵이 흐르는 이내 방안을 고독의 담배 연기만이 그대를 그리워하며 이내 마음처럼 말없이 적적하게 방황합니다. 잊으려야 잊히지 않는 그대의 환영을 더듬어보면 잠시나마 고독이 산산이 흩어질 듯하면서 또한 마음은 그대 생각에 홀로 바빠집니다.

바람이 문풍지를 울리는 추운 날이나 적막과 고독이 숨어드는 쓸쓸한 날이나 번민과 우울에 가슴 태우는 날이나 그대를 그리면서 그대를 찾으면서 짧은 역사를 꾸려왔습니다.

그리움! 그리움! 그립습니다. 미칠 듯이 정열이 쏟아지고 열광적 사랑에 도취된 젊은 가슴에 피어오르는 이 그리움이야 천년만

넌 가지 않으리오! 자연의 진리처럼 무궁하게 인류의 역사와 자주의 역사가 종말을 지고 끝없는 세월의 끝이 보이고 영혼의 세계마저 없어지도다.

내 영혼이 깨어지고 가루가 되어 흩어질 때까지 영원히 이 그리움은 색도 바래지 않고 질도 변하지 않으리다! 어느덧 달도 구름에 잠기고 월광의 광망도 지상에서 사라졌으나 그대를 품은 가슴 속엔 언제나 티 없는 달이 그대와 나란히 비추어줍니다.

등잔의 기름 쪼는 소리와 종이 위를 움직이는 펜의 소리만이 귀에 아물거리고 심장의 고동소리마저 멈춘 듯한 고요한 밤, 고독에 찢어지는 이 마음. 기타에도 하모니카에도 피리에도 노래에도 의지할 수 없어 나는 오직 이 마음에 언제나 피어주실 그대 곁을 분주한 펜대를 앞장세워서 찾아갑니다.

1954년 1월 13일

앞으로 1년이 아니라 10년이라도

사랑하는 동순에게

피곤하지만 당신의 편지를 받고는 곧 펜을 잡지 않을 수 없구려. 명일 직장에 나갈 생각을 하니 밤늦게 앉아 있기가 퍽 괴로워요. 오늘은 1월 30일 목요일인데 토요일에 학장님 아들이 한국에서 여기에 도착한다고 전보가 왔어요.

앞으로 사정에 따라서 매월 20달러 이상 50달러 이하로 송금할 테니 꼭 저금해두어요. 곧 좋은 직장으로 옮기면 매월 100달러 정도 송금할 테니. 그리고 당신이 이 편지를 받아볼 때는 미국서 귀국하는 분이 서울에 도착하는데 그 인편에 당신에게 간단한 선물을 보내니 작건 크건 받아두어요. 남편의 선물이니.

근일 아버님께서는 노여움이 풀리셨는지 참 궁금하구려. 또 어머님의 건강은 어떠하신지도 자세히 적어서 전해주구려.

우선 나는 월부로 자동차를 사야겠어요. 차 없이 버스로 출퇴근하고, 또 학교에 나가니 몸이 피곤하고 아주 불편해서 견딜 수가 없구려. 어제부터 미국의 혼잡한 거리를 남의 차를 빌려서 운전연습 겸 다녀봤어요. 오랫동안 자동차 운전을 안 했고 또 한국서 배운 정도로는 복잡한 미국에서 운전하기가 좀 어렵네요.

이번에 귀국하시는 분은 미국에 온 지 약 1개월이 안 되는데 영어도 못하시고 불편해서 그대로 귀국하십니다. 서울 도착 즉시 당신에게 전화 연락을 하도록 부탁했으니까 그분 댁으로 가서 만나 뵙도록 해요.

그분 주소는 을지로6가 평화시장(가) 61호, 전화는 58080번이오. 당신 스웨터를 하나 사서 보내요.

여보, 호성엄마! 정말 나는 당신 이외의 여성을 생각해본 일도 없고 생각해보려야 생각도 안 되고 생각도 못해요. 우리는 정말 천생연분인가 봐요! 내가 귀국하면 우리 절대 옛날처럼 싸우고 질투하지 맙시다.

당신이 나를 질투한다면 내 사랑이 너무나 무가치하게 인식되는 것 같아요. 나는 언제나 당신을 위해서는 내 능력이 닿는 한 정성과 성의를 다해온 남편이오. 만 4개월간 깨끗하게 지내온 남편이지만, 앞으로 1년이 아니라 10년이라도 나는 깨끗이 살 수 있고, 다른 이성에게 결코 눈길을 주지 않아요! 오히려 그럼으로써 나는 인생 최대의 행복을 찾고자 해요.

또 쓰겠어요. 지금은 밤 12시. 매일 오전 6시에 기상해야 하니 이제는 곧 자야 하오. 안녕!

당신의 남편으로부터

1964년 1월 30일

고독해할 당신에게

동순이가 보고 싶어요!

당신이 고독할 것 같아서 펜을 들었소. 1월 29일자 당신의 편지도 받았고, 또 계숙이와 혜림이가 퍽 보고 싶어요. 호성이나 계림이, 계숙이 모습은 뚜렷하게 기억되는데 혜림이 얼굴이 어떻게 생겼는지 그 모습을 상상할수록 알쏭달쏭해요.

내가 편지한 대로 최OO 과장께 10원을 주었소? 그리고 천호동 어머님께 빌려준다는 것은 어떻게 되었소? 내 지시대로 했으리라 믿지만, 그래도 당신 얘기를 듣고 싶소.

하루하루 당신과 재회하는 날이 가까워지는 것은 틀림이 없어요. 그때까지 꾹 참고 견디어 나갑시다. 지금은 밤 10시. 직장에 나갔다 와서 퍽 피곤해요. 근일에는 소화가 잘되지 않는구려.

여보, 호성엄마! 나는 당신을 사랑하는 것밖에는 아무것도 몰라요. 매번 쓸 때마다 똑같은 생각인데 그래도 당신이 그리워서 자꾸 쓰고 싶구려. 당신 이외의 사람에게는 일체 편지도 하지 않고 회신도 하지 않고 있어요. 그것이 가장 마음이 편안해요. 무슨 일이 있든지 귀국할 때까지는 당신 생각 이외에는 다 잊어버리고 이곳 생활에나 충실해야지! 학교 소식은 들어봐야 골치 아파서 일체 편지를 금하고 있고, 다 잊어버리고 있어요.

당분간 아버님과 박 이사장님한테도 소식을 금하겠어요. 여름에나 한 번 전할까 해요. 이럭저럭 도미한 지도 만 5개월이 되는구려. 눈 뜨면 직장에 나가고 저녁이면 학교에 나가요. 야간에도 열심히 공부해야지! 이번에 귀국하면 꼭 다시 외유할 계획이오. 그때는 꼭 당신과 같이 외국에 가도록 하겠어요. 이 편지를 받은 다음 편지에는 송금전표를 보낼 테니 한은에 가서 찾아 써요. 우선 30달러를 보낼 테니. 그리고 가능한 한 내가 귀국할 때 현금을 지참하도록 하겠어요.

한 가지 부탁이 있는데 여름 속바지(가벼운 인조견 같은 것) 두 개만 만들어서 보내주어요. 미국엔 그런 속바지가 없어요. 지금 일본서 하나 산 것을 입고 있는데 세탁하면 갈아입을 것이 없어요. 나는 습관상 그것이 꼭 필요해요.

아직 쇠약한 몸이 회복되지 않아서 늘 피로를 느끼면서 살아요. 당신이 그리운 것이 내 정신을 더욱 약하게 만들어요. 당신이 보고 싶어서 지난날을 회상하면 감격과 고독의 눈물이 흘러요.

동순이, 사랑해요! 영원히! 이 말은 내가 당신을 처음 만날 때 하던 말이고, 지금도 변하지 않고 순수하게 되풀이되어요.

당신의 남편 충식으로부터

1964년 2월 4일

당신의 편지는 내 정신과 마음의 재산

사랑하는 동순에게

(시험 삼아 봉투에 현금을 넣어서 보내겠소. 우선 1달러짜리를.)

지난날 언제인가 당신이 나에게 한 말을 회상하면서 펜을 잡았어요. "당신은 내 겉모습만을 사랑한다"고. 나는 결코 그렇지 않다고 부정했지만, 지금 현실에서 당신의 그 말을 회상하면 너무나도 어처구니없는 말이었고 내 진실한 삶의 목표와 당신에 대한 내 참된 애정을 당신이 몰라서 그런 말을 했을 것이라 나는 생각하고 있어요. 오늘 직장에서 곰곰이 나를 생각해보고 내 사랑을 평가해봤어요. 내 마음은 전부 당신에 대한 애정으로 꽉 차 있어요.

당신이 없는 세계는 암흑이고, 당신 없는 생활처럼 허무하고 고독하고 무의미한 생활은 없어요. 2월 3일자 당신의 편지를 받았어요. 나는 당신 편지의 힘으로 지금 살아가고 있어요. 아침이면 당신의 편지가 올 것이라 고대했다가 받지 못하면 실망스러운 마음으로 지루한 밤을 지내게 되어요.

배편으로 보낸 짐은 친구의 도움으로 전부 받았는데 스키복의 머리에 쓰는 두건(스킨)이 없어요. 당신이 부쳤는지 안 부쳤는지 그 여부를 연락해주어요.

지금 이 편지를 쓰고 있는 순간에 정OO 교수가 또 무슨 편지를 쓰는가, 하며 놀리고 있고, 학장님 아들이 허허 웃고 있어요. 지금 시간은 7시 31분 금요일 저녁이오. 곧 밤에 나가서 부치면 토요일 아침 일찍 이 편지가 미국을 떠날 것이오. 5월 말에 2학기가 끝나는데, 2학기가 끝나는 즉시 귀국하겠어요. 돈도 중요하지만 당신이 보고 싶어서 죽을 지경이고 더구나 나날이 몸이 쇠약해져 견딜 수가 없구려.

그리고 짐을 찾았으니까 구두는 필요 없으니 그리 알고 있고, 속바지(여름용 인조견 같은 것)가 하나둘 있으면 좋겠어요. 고무신도 있고 해서 이제는 참 편리해요. 동복 일체는 2월 말경 내수동 주소로 배편으로 다 부치고 내가 귀국할 때는 당신한테만 연락할 터이니 당신만 애들을 데리고 비행장에 나와요.

내가 곧 귀국하게 되면 송금을 중단하고 현금을 지참하겠어요. 어제 이민국에서 통역이 되어달라고 요청이 왔는데 대우가 좋으면 이민국으로 가겠어요. 만약 이민국 통역이 되면 내 영주권 문제가 즉시 해결되어요. 모두 당신만 알고 있어요. 무임승선이 가능하면

배편으로 귀국하고 비행기값 500달러는 지참하겠어요. 그때는 부산이나 인천서 전보 치지요.

여보, 이제는 점점 당신이 내 곁에 있는 기분이 나요. 당신이 자주 편지를 하니 한결 용기도 나고 생기가 돋아요. 나도 당신의 편지를 저금하듯이 자꾸 쌓아놓고 있어요. 내 정신과 마음의 재산이 바로 당신의 편지요!

사랑해요! 영원히 이 목숨이 다할 때까지 사랑해요!

당신의 남편

1964년 2월 7일 저녁 7시 50분

당신이 보내는 편지의 힘으로

사랑하는 동순에게

내 영주권의 신청 이름은 Jonny S. Chang. 어제 일요일은 너무 피곤해서 편지를 못 썼어요. 2월 6일자 당신의 편지는 잘 보았고, 신문도 고맙게 받았어요.

월급이 조금 올랐어요. 근일에는 직장에 나가고 학교에도 나가고 해서 몸이 대단히 피곤해요. 새벽에는 잠이 부족해서 죽을 지경이오. 앞으로 한 학기 동안, 즉 5월 말까지는 지속적으로 피곤할 것이오.

당신도 고독하겠지만, 나도 참 고독해요. 요새 나는 오직 당신이 보내는 편지의 힘으로 살아가는 것 같아요. 지금도 학교에 갔다 오니 밤 10시 반이오. 빵을 좀 먹고 쓰러질 지경이나 오늘 편지를 써야 이번 금요일이나 토요일에 당신이 받아볼 것 같아서 겨우 힘을 내어 쓰는 것이오. 또한 피곤할지언정, 당신에게 편지 쓰는 것이 가장 뜻있는 나의 시간이오.

신학기부터는 경기대학에 나가는지 무척 궁금하구려. 당신도 일주일에 적어도 세 번은 편지해주어요. 당신의 편지마저 없다면 나는 참으로 불쌍해요. 술도 모르고, 춤도 모르고, 계집도 모르는 놈인데 당신의 편지조차 없다면 나는 참으로 비참해요. 오직 이 세상에 당신밖에 없고, 당신밖에 모르는 나요. 지금 내가 겪는 고독과 고생도 모두 당신을 위해서 한다고 나는 자위하고 있어요. 나에게 돌아오는 앞날의 영광이 있다면 그 모든 영광이 당신에게 돌아갈 것이오.

곧 영주권이 나와요. 오늘 미국 법무성에서 통지를 받았어요. 이민국 1등 통역관으로 채용되었어요. 매일 나가서 통역하는 것이 아니라 필요할 때마다 나를 불러 갑니다. 영주권을 취득하려면 당장 호적등본이 있어야 하는데 시간이 없고 해서 대충 영문으로 호적등본을 만들고 이를 변호사 두 명이 보증했어요. 내가 귀국해도 2년에 한 번씩 도미하지 않으면 영주권이 취소됩니다.

나는 미국 법무성의 당당한 1등 통역관이 되었고, 이민국장이 장관에게 신청을 요구해서 영주권이 나온 것이오. 우선 이번 토요일에 처음으로 공항에 나가서 통역을 하게 되었어요.

물론 지금 내 영어회화는 놀랄 정도로 진일보했고 처음 만난 미국인도 약 6, 7년 미국에서 산 사람으로 보고 있으며 쉬운 서반아어는 제법 표현합니다. 또 쓰겠어요.

사랑해요. 영원히.

당신의 남편 충식

1964년 2월 10일 11시

오직 내 아내인 당신만을

사랑하는 동순에게

오늘은 2월 16일 일요일입니다. 일요일은 즐거우면서도 고독한 날입니다. 피곤한 몸을 휴식으로 풀 수 있지만 사랑하는 당신의 소식을 전해주는 편지를 배달해주지 않는 날이에요. 어제도 당신의 소식은 없었어요.

오늘 오후에는 한국인 몇 명과 해안가에 나가서 지냈어요. 아직도 이른 봄날 같은데 남녀 쌍쌍들이 수영복 차림으로 백사장에서 일광욕을 즐기고 있었어요. 우리 남자들은 천연색 필름을 하나 사 가지고 사진을 찍었어요. 물론 여자는 한 명도 없는 홀아비들의 놀이지요.

어제는 사라다가 먹고 싶어서 지난날 당신이 해주던 기억을 더듬어 만들어보았어요. 사라다가 참 훌륭하게 만들어졌어요. 처음에 배추를 썰고, 계란을 삶아서 다지고, 닌징(당근)과 푸른 콩을 삶아서 배추와 섞고, 다음에 삶은 계란과 햄을 넣어 마요네즈로 버무렸더니 맛이 좋았어요. 그런데 갑자기 복통이 일어나서 먹다가 중단했어요.

여보, 서울은 지금 춥지요. 당신이 보내준 신문을 보니 퍽 춥다고 하는구려. 나 없는데 얼마나 고생하겠소. 나는 남자로서 어떤 고생이라도 참고 견딜 수 있지만, 약한 여성인 당신이 고생하고 있는 것을 생각하니 참으로 가슴 아프구려. 빨리 6월이 오면 좋겠어요. 당신도 마음을 안정시켜서 좋은 강의를 할 수 있도록 열심히 공부해요. 곧 한 선생님이 귀국하시는데, 그분이 귀국하실 때 미국 요리책을 당신에게 보내겠어요. 영어공부도 할 겸 서양요리 이름도 그 책으로 잘 공부해요.

옷과 함께 보내면 세관에서 세금을 부여할 것 같아서 책은 인편으로 보내겠어요. 이제는 2월도 반이 갔구려. 세월이 빠른 것 같으면서도 퍽 느린 것 같아요. 동양 여성이 지나가는 것을 보면 늘 당신의 모습을 상상하며 지난날의 추억을 회상하면서 홀로 자위합니다. 나는 당신 하나만으로 만 가지의 행복을 느낄 수 있고, 당신 하나를 사랑함으로써 최대의 기쁨을 느끼면서 살아가요.

우리는 하루하루 죽음을 향해 가지만, 인간으로 태어난 권리와 의무를 성실하게 주장하고 수행해야 한다고 생각해요. 더구나 나는 부모처자와 처음 이별하고 외국에 와서 성격의 변화가 온 것 같아요. 타인하고 접촉하기가 통 싫고 긴급한 일이 아니면 말하고 싶지도 않아요.

타인에 대해서는 일체 좋다 나쁘다 평하고 싶지도 않아요. 내 아내인 당신 이외의 사람하고는 남녀를 막론하고 사무적인 일 이외에 대해서는 얘기하기도 싫고 접촉도 싫어졌어요. 당연히 당신만을 그리워하며 조용한 곳에 홀로 있고 싶어요. 당신과 재회하는 날이 점점 가까워지면서도 아득히 먼 날 같아서 안타까워요.

당신을 사랑하오! 영원히.

동순의 남편으로부터

1964년 2월 16일 저녁 8시 반

어학 실력 덕분에 영주권을 받게 될 것 같아요

사랑하는 동순에게

2월 17일 월요일에 당신의 2월 13일자 편지를 받았고, 2월 18일 화요일인 오늘 당신의 2월 15일자 편지를 받았어요. 계속해서 이틀간 당신의 편지를 받으니 흐뭇하고 참 행복해요. 어제 월요일 아침에 나도 편지를 부쳤고, 오늘 화요일 밤에 이 편지를 써서 수요일 아침에 부칠 것이오.

당신의 편지를 받을 때마다 감사하고 행복감에 젖으면서도 우편료로 인해 당신이 생활난에 허덕일 것 같아 걱정이에요. 지금은 빚도 없고 병원비 조금 밀렸던 것도 다 갚았지만, 현재 저축은 50달러밖에 안 되어요. 이번 주말로 약 100달러를 저축할 것이오.

6월 내로 비행기 여비를 저축해야 안심이 되어요. 내 영주권은 번호가 결정되었고 내가 미국에 입국한 날로부터 만 6개월 만에 효력이 발생되어서 오늘 법무성에서 2차로 나온 통지에는 3월 19일로부터 나의 영주권 자격을 부여한다고 했어요. 다른 사람들은 영주권을 취득하려고 5~6년씩 이곳에 있으면서 별별 운동을 다 해도 나오지 않고, 1만 명에 하나도 잘 안 나와요. 그동안 조금 있던 돈은 중국인 변호사에게 조금 주었고 3월 19일 이민국에 가서 등록을 영주권으로 바꾸게 되었어요. 나는 여러 나라 어학을 배운 탓으로 이민국에서 실력을 인정받았고, 또 실제적으로 미국에 도움을 주고 있어요.

만약 내가 군인으로 지원하면 시민이 될 수 있어요. 이민국의 한 친구가 내게 군인으로 지원해서 간부 후보생으로 나가라고 하는데 만약 그렇게 되면 소위로 임관되어 일본이나 한국으로 나가게 되어요. 만약 이 사실을 아버님이 아시면 큰일이오.

지금은 서반아어 회화도 곧잘 합니다. 이번 토요일에는 공항으로 출근해서 여권기한이 넘는 외국인들을 추방할 때 일일이 다 통역해주어야 해요. 내가 영주권을 취득하게 된 큰 이유 중 하나는 어학 때문이었소. 이민국에서는 동양인들의 명목 없는 미국 방문이 굉장히 많아 골치를 썩고 있는데, 방문객(비지타)들 대부분이 영어도 모르고 숨어서 직업을 갖고 있어요. 이들은 잡히면 유치장 행이오. 한번은 내가 이민국 관리한테 심문을 받은 적이 있는데 그때 나한테 미국에 온 지 얼마나 되느냐고 물어요. 3개월 되었다고 하니 영어를 어찌 그렇게 잘하느냐고 해요. 그래서 일, 중, 불, 서, 한국어 등도 잘한다고 하니까, 당신 같은 사람이 필요한데 학생이라 채용할 수 없다고 하면서 미국에 영주할 생각이 없느냐고 묻기에 하면 좋지만 누가 해주겠느냐 반문했더니, 그 자리에서 차에 태워 국장한테 데리고 가지 않겠소.

이민국 관리소에는 일본인 2세, 중국인 2세, 한국인 2세들이 있는데 전부 나보다도 글도 잘 모르고, 회화도 잘 못해요. 그래서 이 동양계 미국 관리들이 어학의 천재가 나타났다고 칭찬하고 야단법석이 났어요. 그런데 나를 통역으로 채용하려면 영주권 없이는 불가능하거든요. 미국 법률에 영주권 없이는 누구를 막론하고 미국 내에서 직업을 가질 수 없어요. 그래서 이분들이 내가 필요하지만 정식으로 채용을 못하자 곧 상관에게 말해서 영주권을 얻도록 힘써주었고, 나는 나대로 변호사를 통해서 신청하는 형식을 취했던 것이오.

비용도 거의 이민국에서 지불해주었어요. 그 수수료만도 약 600달러가 되는 큰 돈인데, 나는 변호사 휘발유값으로 50달러 정도 지불해준 것밖에는 없어요. 나는 단지 2년에 한 번씩 미국에 왔다 가기만 하면 되는데, 화물선이나 군용기는 무료로 탈 수 있으니까 괜찮아요. 당신과 애들의 영주권은 내 이름으로 신청하게 되어 있는데, 귀국해서 미 대사관 영사부를 통해 신청하면 되어요.

영주권은 미국에 온 지 만 6개월인 3월 19일부터 인정되는데 그 때부터는 미국 주립대학은 무료로 공부하게 되어요. 오늘 우편으로 영주권 신분증을 받았어요. 이름은 조니 S 장(Jonny S. Chang)으로 되었어요. 기분 좋지요! 3월 19일부터 나는 어디든지 정식으로 취직할 수 있어요. 그러나 나는 내 조국으로 가야 하는 사람이오. 나는 대한민국을 떠날 수 없어요.

영원히 사랑해요. 안녕!

1964년 2월 18일 수요일

앞으로 미국 사회에 대해 전해주겠어요

사랑하는 동순에게

〈경향신문〉은 감사하오. 이틀간 당신의 편지가 없었어요. 아마 내일 21일은 당신 편지가 있으리라 고대하고 있어요. 이제부터는 미국 농촌과 도시의 생활을 비교하며 미국 사회에 대해서 자세히 기록해서 보내겠어요.

우선 도시부터 얘기하자면, 인구가 많을수록 인심이 박하고 아주 개인주의적이오. 버스를 타면 남녀노소를 막론하고 자리를 양보하는 사람은 한 사람도 없어요. 버스를 이용하는 사람은 거의 흑인과 멕시코인이오. 로스앤젤레스에만 흑인 50만 명에 멕시코인이 51만 명이니 굉장한 숫자지요.

이들은 거의 하층 노동자들이며 로스앤젤레스의 구질구질한 일들은 이들이 다 담당하고 있어요. 도로공사, 공장, 운전수 등을 맡고 있지요. 그리고 여기의 공중도덕은 참 모범적이오. 어데 가나 길

바닥에 침을 뱉는 사람은 없고, 물론 길에서 소변보는 사람도 전혀 없고, 교통신호도 꼬박 다 지킵니다. 극장은 보통 1달러 25센트인데, 의례히 두 편씩 하지요.

이곳에서는 여성들도 거의 직장에 나가서 돈을 버는데 중류 이하의 생활을 하는 사람은 거의 남녀가 다 버니까 남녀가 평등할 수 밖에 없지요.

그리고 미국인들은 기분 내키는 대로 쓰는 일이 절대 없어서 차 한 잔을 마셔도 각기 자기 먹은 것만 내고 극장을 가도 마찬가지예요. 옆집 사람이 뭐하는 사람인지도 모를 정도로 타인에 대해서 무관심하고, 타인을 돕겠다는 것은 조금도 찾아볼 수 없고, 학교를 제외하고는 식당에서 점심을 먹는 직장은 없고, 전부가 도시락을 가지고 다녀요.

여성들도 옷 색깔은 화려하게 입지만 결코 비싼 옷은 안 입고, 교육받은 여성 중에 빨갛게 손톱을 칠한 사람은 없어요. 특히 학교 선생들은 손톱도 기르지 않아요.

역시 이곳도 사창이 있어요. 흑인도 있고 백인도 있는데 밤에 거리구경을 나가면 골목 앞에 뚜쟁이들이 우글우글합니다. 물론 나에게는 관심 밖의 일이니 안심해요. 학장님의 아들이 혼자 거리에 나갔다가 흑인 뚜쟁이들한테 걸렸다가 도망쳐왔어요.

또 미국의 뒷골목은 한국과 같아요. 더럽기가 이루 말할 수 없어요. 중류 이하의 여성들, 특히 남편과 같이 돈을 버는 여성들이 정조관념이 있을 리가 있겠어요. 남편이 외도하면 부인도 하는 세상이오. 아주 더러운 곳이지요. 늙은 여성들이 모양내는 꼴은 꼴불견이오. 이에 대해서는 다음에 또 쓰겠어요.

어제 밤 꿈에서 당신과 싸웠어요. 꿈에서도 지금처럼 내가 미국에 왔다가 한국으로 돌아갔는데, 당신이 짜증내고 신경질을 부리고 바가지를 긁기에 다시 미국으로 돌아가야겠다고 생각했어요. 그러니 내가 귀국해서는 우리 결코 싸우지 맙시다. 어떻소? 명심해요. 당신도 다시는 내 앞에서 바가지를 긁지 말아요. 나는 5개월간 깨끗이 지냈고 조금도 이상이 없어요. 5년이 아니라 50년도 참을 수 있어요.

프랑스 학생이 12월에 보낸 편지를 브리검영대학에서 이제야 보내주었어요.

참, 내수동 집의 소식을 잘 전해주어요. 그리고 추억의 사진들이나 여름에 창경원에서 찍은 호성이, 계림이 사진들도 부쳐주어요.(잘 나온 것 있지 않소) 애들이 보고 싶어 죽겠어요. 이제야 아버지 구실을 할 모양인가 봐요.

미국에 와서 손금을 봤는데 이렇게 부부사이가 좋은 손금은

100명에 하나 있을까 말까 하대요. 미국에도 관상 보고 손금 보는 사람이 있어요. 또 쓰겠어요.

안녕! 영원히 사랑해요.

당신의 충식으로부터

1964년 2월 21일

• 추신

혜림이가 제일 보고 싶어요. 그리고 민OO 선생과 박OO 선생 문제에 대해서 아는 대로 연락해주어요.

한국 유학생들에게 이곳 생활은 무척 힘들어요

영원한 나의 사랑 동순에게

며칠 동안 당신의 소식이 없구려. 오늘은 토요일인데 워싱턴 대통령 탄생기념일이라 우편국도 놀고 내일은 일요일이라 24일인 월요일에나 이 편지를 부치게 됩니다. 또한 월요일에는 당신의 소식이 있을 것이라 확신하고 있어요.

그동안 학장님 아들이 와서 그 사람 지도하느라 무척 바빴어요. 식사하는 방법도 가르치고, 길 묻는 것도, 버스 타는 것도 알려주었어요. 한국에서 100달러를 갖고 왔는데 20일 만에 다 떨어지고, 거기다 영어회화가 서툴러서 직업소개소에서도 거절당해 실망한 채 전 도시를 다 돌아다녀도 직업을 얻지 못했어요.

그 사람이 직업을 얻지 못하면 결국 내 돈을 나누어 쓸 형편이 되니 나의 귀국 여비에도 지장이 있을 것이고, 하는 수 없이 우리 회사 사장한테 얘기해서 내가 근무하는 회사에 어제 취직시

켰어요.

지금 미국도 불경기라 실업자가 매일 늘고, 한국 학생들도 직업이 없어서 밥을 굶는 사람이 대단히 많아요. 한국인들도 서로 1달러도 꾸어주지 않아요.

정OO 선생도 처음 이곳에 와서 4개월 동안 취직을 못해 무한히 애썼지요. 그래도 그분은 처삼촌도 있고 처남도 있어서 괜찮지만, 나의 경우는 퍽 외로운 입장이었지요. 나는 누구의 협력도 협조도 없이 오직 나 홀로 직업을 얻었고, 또 지금 회사에서도 신용이 있고 영어도 잘하니 사정을 잘 설명해 학장님 아들을 겨우 취직시켰어요.

정 선생은 아직도 회화가 되지 않아서 쩔쩔매는 형편이오. 유학생이나 '비지타'로 와서 직업을 가진 사람들은 이민국 관리한테 들키면 이민국 유치장에 갇혔다가 화물선에 태워져 강제추방을 당해요. 강제추방을 당하면 다시는 미국 입국을 못하게 되어 있어요.

정 선생이나 학장님 아들은 '비지타' 여권으로 입국해서 직업을 가진 것을 들키면 유치장에 들어가야 해요. 정 씨 처남도 '비지타' 여권으로 들어왔다가 직업을 가진 것을 들켜 강제추방을 당하게 되었고, 직업도 잃어 지금 피해 다니며 숨어 지내요.

나는 영주권을 받아서 미국 관청에도 취직할 수 있지만 아직 하지 않고 있어요. 이민국에서 종종 가택수색을 하는데 그럴 때면 정 선생은 도망가요. 나만 집에 혼자 남아 있으면, 나를 굉장히 부러워하는 한편, 시기하기도 해요. 학생 여권으로 온 사람은 1개월만 학교에 나가지 않아도 강제추방을 당해요.

자세한 얘기는 귀국해서 하겠지만, 여기 한국인의 경우는 참 불쌍합니다. 무조건 미국이 좋다고 돈 없이 들어왔다가 큰 고생하는 사람을 많이 봤어요. 그래도 나는 이제 자리가 잡혀서 편안히 공부하고, 하루 4시간씩 사무 보고 300달러를 받아요. 400달러에서 세금을 100달러나 제해요. 방값도 퍽 비싸지요. 도시에서 생활하려면 200달러는 있어야 해요. 정 씨는 아직 대학 문턱도 못 들어갔어요.

나는 6월에서 8월 사이에 귀국할 계획을 세웠어요. 3월부터는 직장에 안 나가고, 영주권이 나와서 학교에 장학금 집어넣은 것 370달러를 돌려받을 수 있어요. 며칠 결석했더니 학장이 나오라고 통지해서 토, 일요일에만 이민국의 통역을 해주고 200달러를 사례금으로 받아요.(한 달에 정기적으로) 100달러 수입이 줄지만, 6월에 석사과정을 마쳐야 하니까 어쩔 수 없어요.

지금은 무슨 말도 다 할 수 있고, 무슨 말도 다 들을 수 있으며,

라디오도 무난히 청취하며 강의실에서는 자유롭게 강의를 듣지요.

그러면 안녕!

1964년 2월 22일 토요일 밤 7시

순리를 좇아서 사는 것이 의리이자 우정

사랑하는 동순에게

고대하던 당신의 편지를 24일 월요일에 받았어요(2월 19일자로 된 것). 당신 편지의 구절구절이 흐뭇하고, 고독에 지친 내 마음을 따뜻하게 해줍니다. 수요일(19일)부터 일요일(23일)까지 소식이 없어서 참 안타깝고 답답하고 그리웠어요. 비록 출세 못하고 돈 벌지 못하는 남편이라 할지라도 사랑에 있어서는 이 세상 어느 남편에게도 지지 않겠어요. 이 세상 어느 남편에게도 지지 않는 사랑으로 당신을 대하겠어요.

지난날을 곰곰이 생각하면 당신에게 너무나도 미안하고 부끄러워요. 이토록 당신을 사랑하고 사모하면서도 지난날 당신에게 폭언과 야만적 행동을 취한 것을 생각할 때 당신에게 어떻게 사죄해야 할지 모르겠어요. 그때는 지나치게 당신을 완전히 내 것으로 만들고자 한 탓이라 생각되오.

당신을 싫어하고 미워한 적은 한 번도 없었어요. 내 죽는 날까지도 결코 그런 일은 없어요. 나도 의리는 강한 남성이오. 이것이 나의 전 재산인걸요. 생활에 허덕이면서도 나에게 보내는 편지의 우표값이 적지 않을 것이오. 더구나 재봉틀도 없이 지내니 참 안됐구려. 내가 재봉틀 사라고 송금했다고 하고 국산 재봉틀 중에서 모양 좋고 깨끗한 것을 하나 사둬요. 지금은 내가 송금하고 싶어도 급하게 귀국해야 할 문제가 생겼을 때 여비가 없어 못가면 큰 낭패라 500달러는 정도는 저축해두어야 해요.

앞뒤를 생각해본 결과 나는 우선 여비를 저축해두는 것이 급선무요! 그러니 생활비가 부족하다든가, 애들을 위하는 일이라면 통장에서 찾아 써요. 내가 있을 적에도 넉넉지 못한 살림이 나 없는 동안은 오죽하겠어요. 나는 주말에 정OO 씨와 커피 한 잔 하는 것이 고작이오. 그 외에는 결코 1달러도 낭비하지 않아요.

오늘 처음 학장님 아들을 데리고 출근해 사장에게 소개했어요. 참, 이곳은 불경기가 시작되었어요. 2월부터는 취직도 거의 불가능하게 되고 많은 사람들이 감원당하고 있어요. 한국 학생 중에 굶는 사람이 자꾸 늘어나요. 지금 돈 없이 미국에 온다는 것은 큰 모험이며 옛날의 유학 사정과는 천지차이요. 서울대학 모 교수는 왔다가 일주일 만에 다시 귀국했어요. 대학의 장학금은 외국 학생에게는 거의 금지되었어요. 특히 도시 생활은 힘들어요. 지출이 상당히 많아요. 화장실을 가도 돈이고, 집 밖에 나가면 하루에 최소 2, 3달러가 없어져요.

나는 미국에 와서 거의 웃음을 잃어버렸고 말하기도 싫어졌어요. 사무적인 말 이외는 결코 하지 않아요. 진실한 품성을 갖춘 자가 아니면 만나기도 싫고, 내 인생관이 뚜렷이 바뀌었고, 나를 찬양하는 사람들을 그대로 접하기가 싫어졌어요. 지OO 선생 이외의 모든 젊은 교수들에게도 의리니 우정이니 기대하고 싶지도 않고, 바라지도 않아요.

순리를 좇아서 참되게 살면 그것이 의리고 그것이 우정을 낳는 것이지요. 말과 접촉이 의리와 우정을 가져다주는 것은 결코 아니랍니다. 인간은 불필요한 일에 대해서 관심을 가질 필요도 없으며, 어느 면으로나 수입이 없는 일에 가담한다는 것은 그만큼 불필요한 고생을 등에 업는 것이오. 과거 나의 처세는 어리석었고, 경우에 따라서는 이용만 당한 사람이오. 냉정하게 살아야 하며, 대인관계도 반드시 조건적이어야 해요. 이것이 어지러운 세상을 살아가는 기본적 생활 태도인 것이오. 나는 누구의 말에도 내 의지와 주관 없이는 귀를 기울이지 않아요. 모든 사람의 간곡한 편지가 있었지만, 그 내용은 진실한 우정이나 의리보다는 당면한 자기의 괴로움을 씻기 위해서 나를 찾은 것이라 믿어요.

물론 그중에 사실도 있고 긍정할 것도 있지만, 모든 것을 과격하게 처리하고 단편적으로 생각하면 그만큼 자기 자신을 파괴하는 것이오. 나는 더 이상 나의 원수를 만들 필요가 없으며 아버님이 세우신 대학에서 근무하는 교직원 누구를 막론하고 나는 귀하게 대접하고 싶어요. 비록 혹자가 무능하다 할지라도 무능한 것은 그 사람의 죄가 아닌 것이오. 누구를 막론하고 무능을 원하고, 바라는 사람은 없어요. 무능한 인물을 등용하는 것이 잘못이지, 무능한 사람이 잘못은 아니지요. 유능하건 무능하건 나는 인간을 미워해서는 안 된다고 생각해요. 당신은 영원히 사랑하는 내 아내요. 또 쓰겠어요.

행복을 빌어요.

당신의 충식으로부터

1964년 2월 24일 월요일 밤 10시

아이들의 교육에 힘써주세요

사랑하는 동순에게

하복내의와 김과 편지는 감사히 받았어요. 감사할 뿐만 아니라 없는 돈에 그토록 정성을 다하니 미안하구려.

무엇보다도 유감스러운 것은 애들의 성적이 떨어졌다는 소식이오. 나는 모든 희망을 애들한테 의지하고 있어요. 나는 벌써 33세요. 인생의 절반을 살아온 몸으로 지상에 이름도 못 내고 업적도 세우지 못했으니, 애들이 나보다 잘되어야 할 것이 아니오. 만약 애들의 성적이 떨어졌다면 그 책임은 물론 애들 자신에게도 있겠으나 아직 그들은 자주력이 없는 놈들이니, 그 책임의 전부는 부모인 나와 당신에게 있는 것이라 생각하오.

비록 내가 미국에 와서 공부한다 해도, 애들 성적이 불안해졌다면 나에게는 커다란 적자가 아니고 무엇이겠어요. 물론 내가 없으니 당신의 마음도 고독하고 공허감에 사로잡혔다 할지라도 애들의 성적에는 커다란 관심을 가져야 하오. 다음 학기에는 양호한 성적을 올리도록 독려와 지도편달이 있기를 간청하오. 우리 부부의 파멸과 실패는 곧 애들의 실패요, 애들의 실패는 곧 우리 부부의 실패인 것이오.

나는 이제껏 나로 인해서 살아왔으나 자식이 있는 내 몸은 나를 위한 몸이 아니라 자식을 위한 몸이라고 생각하오. 미국에 와서도 조심하고 위태로운 일을 피하는 이유는 내 생명과 나를 위해서라기보다 이미 내 몸과 내 생명이 나 한 사람을 위한 것이 아니기 때문이오. 나는 내 것이 아니라 나는 당신의 것인 동시에 애들의 것이오. 그러므로 처자의 것이 된 내 몸과 생명을 나는 소중히 해서 당신과 애들의 행복을 위해서 부리고 노동시키고 써먹는 것이오.

나는 당신과 애들의 것이라는 점을 다시 강조하는 동시에, 당신과 애들은 나에게 가장 소중하고 생명 이상의 것이며, 행복이자 사랑이오. 사랑하는 아내여, 우리는 애들을 위해서 반성하지 않으면 안 됩니다. 우리가 참으로 지극한 정성을 그들에게 쏟고 있는가를! 나는 사회적으로 출세하는 아버지가 되고 싶지 않고, 자식들의 행복과 장래를 위해 내 모든 것을 바칠 수 있는 아버지가 되고 싶소이다.

동순이! 당신이 나를 영원히 사랑한다면, 다른 집 자식들에게 뒤떨어지지 않는 아이들을 만들어주기 바라오. 물론 선천적으로 능력이 없다면 별 문제이오나 능력이 있는 애들이라면 잘 지도해주기 바라오. 여성의 힘과 어머니의 사랑처럼 굳세고 순결한 것은 없는 것이오. 속히 귀국하고 싶소. 애들을 위해서라면 내 유학을 포기해야 할 것이라 믿어요. 사랑하는 동순이! 믿겠소. 그러면 또 쓰겠어요. 하루 속히 당신과 만나기를 하나님에게 기도드리오.

영원히 사랑하오.

당신의 남편

1964년 2월 26일 수요일

내가 변심해 이곳에 영주한다고요? 천만에요!

사랑하는 충식의 아내에게

보고 싶고 그리운 당신을 향해서 외치고 싶소. 보고 싶어도 볼 수 없고, 듣고 싶어도 들을 수 없고, 만져보고 싶어도 만져볼 수 없는 당신을 마음속에 그리며 지난날을 생각해보고 행복한 옛 꿈에 홀로 숨어들지요. 그러면 피로한 심신이 풀리는 듯해요. 그리고 혼자 미소 짓다가 잠이 오면 그냥 암흑으로 빠져들지요. 이런 생활이 똑같이 되풀이되기를 만 5개월이 되었구려.

창을 열고 동쪽 하늘을 쳐다보니 둥근 달이 훤히 중천에 걸렸구려. 아마 내일 아니면 오늘이 음력 1월 15일인 것 같구려. 호두와 밤 등 부럼을 까 먹으며 한국의 기나긴 밤을 당신과 애들과 재미있게 보내면 얼마나 좋았을까 하는 생각이 떠오르는구려.

나는 결혼한 사람 같지가 않고 연애시절처럼 안타까이 당신을 회상하고 사모하고 있어요. 물론 우리의 결혼생활은 연애생활의 변함없는 연장이었고, 또 연장이지요. 당신도 동감하오?

지금은 11시 반이오. 11시까지 서반아어 공부를 한참 하고 펜을 든 것이오. 내일 토요일은 공항에 나가는 날이오. 통역하러 공항에 나가면 1분에 한 대씩은 여객기들이 이착륙해요. 수많은 입국자들을 통역하는데, 주로 일본인 관광객이 많아요. 이제 서반아어도 쉬운 말은 다 통역합니다. 미국의 서부에서는 서반아어를 대단히 중요시하지요. 로스앤젤레스에만 서반아어를 상용어로 쓰는 인구가 50만 명이 넘는데 주로 멕시코인들이지요. 때문에 이들은 거의 영어를 모른 채 미국 생활을 하고 있어요.

지금은 12시 20분(밤). 편지를 쓰다 거리 식당에 가서 팬케이크(한국서 말하는 핫케이크)와 커피 한 잔을 먹고 들어와 편지를 쓰는 것이오. 지금 달이 사라지고 빗방울이 떨어지기 시작했어요. 내일 요리책을 사러 '다운타운'으로 나갈 작정이오. 좌우간 그림 많고 좋은 책으로 선택해서 내 애인인 신동순 씨에게 보내야겠어요. 한OO 씨는 일주일 있다가 귀국하겠대요. 그러니 그때 인편으로 보내겠어요.

우선 300달러를 저축해놓고 그 다음부터 현금을 송금하겠어요. 8월에 귀국하지 않고 내가 변심해 이곳에 영주한다고요? 천만에요! 100만 달러가 생긴다 해도 당신을 보지 못하는 이곳에 있으라면 그것은 안 될 말이오. 내 명예나 지위나 재산이나 사회적 모든 욕망은 당신을 빼놓고는 존재할 수 없어요. 당신이 있고, 당신이 존재하고, 당신이 내 곁에 있음으로 해서 그 이외의 것도 필요한 것이지 당신 없이는 모든 것이 나에게 소용없다오. 일요일 밤에 또 쓰겠어요.

영원히 사랑하오.

당신의 충식

1964년 2월 28일 금요일 밤 12시 반

자녀를 제대로 교육시키는 것이 부모의 책임

사랑하는 동순에게

오늘은 3월 1일 일요일이오. 현재 편지를 쓰는 시간은 오후 12시 반이오. 이 시각 한국은 3월 2일 월요일 오전 5시 반이겠지요. 아직 새벽이라 당신은 일어나지 않았을 것이오. 지금 아래층 홀에서는 누군가가 '소녀의 기도'를 피아노로 연주하고 있네요. 조금 전에 정 OO 씨와 커피 한 잔씩 하고 들어와 펜을 잡은 것이오. 한참 동안 신세타령을 하고 나면 더욱 그리워지는 것이 처자이지요. 이 결론을 맺고 귀가했지요.

한 가지 새로운 근심거리가 생겼는데, 학장님 아들의 문제요. 겨우 취직시켜놓으니 여권 문제가 복잡해요. 학장님 아들의 여행 목적지는 미국이 아니라 캐나다인데, 캐나다로 가는 도중 미국을 경유하기로 되어 있어 미국에 머물러 있을 수 있는 기한이 3월 1일, 오늘로써 비자가 만기되었어요. 그런데 이 사람이 어제 밤에 그런 얘기를 해서 여권을 보니 참말로 그렇구려.

그래서 지금 야단났지요. 회사에서도 회장에게 미안해 죽겠는데 거기다 여권도 그 모양이니 잘못하다가는 추방당하게 생겼어요. 어제 공항에 나가서 장시간 통역을 하고 들어와 몸도 고달픈데 이런 골치 아픈 문제까지 생겼구려. 오늘이 일요일이니 학장님 아들의 여권 비자는 내일이면 불법이 되어요. 좌우간 골치 아픈 얘기는 이만 하지요. 당신만 알고 있어요. 내가 아니하면 학장님 아들이 추방당하니 나도 바쁜 몸인데 큰일이오.

지금 손님들이 놀러왔는데, 하도 가지 않아 지루해져 나는 나대로 또 편지를 쓰기 시작했어요. 지금은 오후 4시 15분이오. 오늘 일요일은 아무 하는 것 없이 고작 하늘을 바라보며 당신 생각만 하다가 저녁을 맞이하는구려. 오늘이 지나면 또 바쁜 시간이구려. 언제나 그립고 따뜻한 당신 곁으로 갈지. 그러나 당신 곁으로 가면 매일 저녁 바가지를 긁지 않겠소. 나는 그것이 겁이 나요.

호성이 녀석이 5등을 했다니 나는 크게 놀랐어요. 그러나 결코 애들을 꾸짖지 말아요. 용기를 내도록 격려하고 희망을 갖고 자기의 사명과 의무에 대해서 책임을 느낄 수 있도록 교육시켜요. 부탁하오.

사랑으로만 부모의 책임을 다하는 것이 아니라 교육을 어떻게 시키느냐에 부모의 책임이 있는 것입니다. 사랑하는 당신의 참된 지성으로 애들이 옳게 성장하기를 빌고 있어요. 매일 일기처럼 편지를 쓰고 싶지만, 근자에는 퍽 바빠서 주말이 아니면 좀처럼 시간이 없구려. 그리고 민OO 선생은 다른 학교로 옮겼어요. 나를 퍽 원망하겠구려. 가정과 시설이 아깝게 됐구려. 내가 귀국해서 복구시키겠어요. 또 쓰겠어요.

영원히 사랑하오! 안녕!

당신의 충식으로부터

1964년 3월 1일 일요일 오전 4시 반

돈! 참 무섭고, 더럽고도 귀한 것이오

유일한 나의 동순에게

어제(3월 5일) 밤에 당신한테 편지를 쓰려고 했는데 어찌나 피곤하고 고단한지 그대로 쓰러져 자고 말았어요. 피곤해서 편지 쓰는 것을 단념해본 것은 어제 밤이 처음이오.

여비 저축도 퍽 고달프구려. 너무 괴로울 때는 유학 온 기분이 아니라 형무소에 온 느낌이오. 일생에 이런 고생은 처음이오. 가장 괴로운 것이 잠을 못 자는 괴로움이오. 처자 있는 사람들이 유학 온다는 것은 참 다시 생각할 노릇이오. 5, 6개월 동안 가족을 못 봤음에도 괴로움을 견디는 힘은 늘었지만, 생활이 분주하니 수면 부족이라 더욱 몸이 쇠약해져요. 어제는 박OO, 최OO라는 학생의 편지와 당신의 편지를 받았고, 오늘은 오직 당신의 편지만을 받았어요.

집 문제 때문에 큰 걱정이오. 내가 귀국해도 당장 집 한 채도 없으니 앞으로 내 집에는 외국인 출입이 잦을 터인데, 응접실 하나도 없이 참 딱해요. 내가 보낸 돈을 다 쓰지 말고 집 보증금에도 좀 보태 써요. 나는 지금 퍽 불안해요. 여비 저축 도중에 또 병이 날까 봐. 병나면 죽도록 고생해서 좀 모아둔 것이 며칠 사이에 다 날아가요. 전에 수입이 좋을 때 집 한 채 마련 못한 것이 퍽 후회되는구려. 물론 여기에 1, 2년 더 있으면 집 한 채 값은 벌어 나가겠지만, 당신이 없는 이상 그럴 생각이 없고, 8월에는 그대로 귀국해버릴 작정이오.

귀국해도 부족한 월급으로 살 생각을 하니 한숨이 나오는구려. 그렇다고 매월 버는 대로 송금하면 귀국 여비가 저축이 안 될 것이고, 참 이러지도 못하겠고 저러지도 못하겠구려. 오늘도 몸살이 날 정도로 피곤하지만, 내일을 위해서 공부해야겠어요.

동순이, 고생스럽지만 6개월만 견디어나가요. 나도 고생스럽기 짝이 없지만, 견딜 수 있소. 내가 귀국해서는 300만 환짜리 전세는 얻어야겠는데, 455달러를 이리저리 쓰다 보면 다 흩어져 없어질 것이구려. 지난번에 455달러를 송금하고 고생한 것을 생각하면 지금도 잊어버릴 수 없어요. 단 얼마라도 좋으니 남겨 놔둬요. 하다못해 거처할 집세에 단 얼마라도 보탤 수 있도록.

내가 귀국해서는 결코 내 수입 이외로 아버님께 도움을 받을 수 없으며, 나 또한 받을 면면도 없으니 우리에게는 오직 현금이 필요한 것이고, 저축이 필요한 것이오. 아이들의 장래를 위해서는 오늘의 부족함을 견디어나가야 해요. 앞으로 5, 6개월 있으면 나가니 돈 벌 시간 여유와 공부할 시간 여유도 없어요. 귀국하면, 여하한 일이 있더라도 아버님에게 의지해서는 안 돼요. 돈! 참 무섭고, 더럽고도 귀한 것이오.

사랑해요. 영원히 사랑해요. 또 쓰겠어요.

당신의 충식

1964년 3월 6일 밤 12시

애들이
아버지를 그리워하고 있는지 궁금해요

사랑해요 영원히

오늘은 3월 9일 월요일이오. 용우 아주머니와 지OO 선생님에게서 편지를 받았어요. 당신은 3, 4일간 소식이 없구려. 근일에는 소화가 잘되지 않아서 위통을 앓았지요. 오늘은 보통 때보다도 더욱 고독하고 참으로 이곳 생활이 지긋지긋하게 느껴져요. 모든 짜증은 당신이 내 곁에 없는 탓이라 믿어요. 생활의 취미라고는 하나도 없고, 약 6개월이 되니 미국 생활도 그저 그렇고 한국 생활보다 훨씬 못해요.

나 자신에 대해서 발견한 것은 발음이나 어학에 있어서 틀림없이 뛰어난 재주가 있다는 것이오. 지금은 너무나 정확하게 발음하기 때문에 미국인이나 한국인들이 모두 10여 년간 미국에 산 사람처럼 생각하고 있어요. 내 자신도 영어회화에는 자신이 있어요. 매일매일 영어발음이나 회화가 늘어가는 것이 확실히 나타나고 있어, 지금 학장님 아들도 나한테 배우고 있어요.

요리책은 곧 항공편으로 보내든지 그렇지 않으면 더 좋은 것을 몇 권 더 사서 선편으로 부치든지 하겠어요. 좋은 요리책이 많아 한 권만 부치기에는 너무 아속해요. 나의 귀국일자는 거의 결정되는 것 같은데, 6월에는 틀림없이 가게 될 것 같아요. 더 있고 싶어도 당신이 보고 싶어서 요새는 미칠 것 같아요. 호성이 책도 몇 권 더 사서 같이 부치도록 하겠어요. 그리고 당신의 생활이 형편없이 쪼들릴 것 같은데, 너무 사서 고생하지 말고 통장에서 꺼내 생활에 보태 써요.

내가 귀국하면 경제적 문제와 고독은 자연히 해결될 것이니 지나치게 부족한 것을 참고 견디다가 병이 나면 어떻게 하겠소. 15일경에는 영주권증명이 나올 것이라는데, 그때 주지사를 만나러 가기로 했어요. 일본인 상점에서 간단한 선물을 사서 가기로 했지요.

그리고 지난번 송금(미화) 구좌를 다른 사람에게 양도하는 것을 박OO 선생과 잘 의논해서 곧 회답해주기 바라오. 계림이의 일상생활에 대해서도 알려주고, 또한 애들이 아버지를 그리워하고 있는지 퍽 궁금해요.

물론 나는 애들이 나를 그리워할 정도로 애들에게 해준 것도 없고 사랑해준 적도 없지만, 실상 내 마음은 아이들로 가득 차 있고,

내 양심에 물어봐도 내가 지극히 애들을 소중하게 생각하고 사랑하고 있는 것은 사실이오. 또 한 가지는 당신을 사랑하는 마음은 내 목숨과 같이 영원히 동반하는 것이고, 불변한다는 것이오. 이 사실만큼은 신도 부정 못할 것이라고 확신하오. 고독할 때 어머님 모시고 극장이라도 가 봐요. 귀국할 때 가지고 갈 것을 내게 부탁해요. 그러면 내 힘이 닿는 데까지 구해서 가지고 나가겠어요.

사랑해요. 영원히! 일요일에 무엇하고 지냈어요?

당신의 남편

1964년 3월 9일 밤 11시 반

명예와 재산보다 인격과 덕을 소중히

유일한 동순에게

오늘은 3월 11일 수요일이오. 지금 놀러온 몇몇 손님들과 오목을 두고 곧 펜을 잡았어요. 물론 승리는 내 몫이었지요.

오늘 서울에서는 아무런 소식도 없었고 영원이에게서 달력이 왔어요. 아침에는 어제 밤 쓴 편지를 우체통에 넣고 출근했어요. 지금 쓰는 편지는 내일 아침에 부칠 거요. 저녁 늦게 학교서 돌아오니 몸이 무척 피곤해요. 숙제도 많은 날이네요. 정OO 교수는 3월 3일부터 등교하게 되었는데, 정OO 교수의 학교는 4학기제요.

내일이나 혹은 모래쯤 아버님한테 문안 겸 사과의 편지를 해야겠어요. 서울서 자극적인 편지가 와도 이제는 좀처럼 남이 전하는 말을 듣고 타인을 의심한다든가 미워하고 싶지 않아요. 나를 직접 죽이고자 하기 전에는 결단코 타인과 대립해서 불필요한 싸움을 사서 할 필요는 없는 것 같아요. 학교를 계승하지 못하면 못하지 덕을 잃으면서까지 애써 교육사업을 할 필요는 없어요. 이제는 명예와 재산보다는 인격과 덕을 소중히 여기고 살아갈 결심이오. 비록 타인이 나를 비난하고, 내 잘못을 지적한다 할지라도 나는 그 충고와 잘못을 받아들여서 나를 반성하고 바로잡도록 내 자신이 노력해야겠어요. 아는 척할 필요도 없고, 구태여 높아지기 위해 타인을 누르고 자기가 승자라고 할 필요도 없어요. 높은 사람이나 낮은 사람이나 고생하며 짧게 살다가 땅에 묻히면 그만이 아니겠어요.

타인을 믿을 필요도 없고, 불신할 필요도 없고, 자기 힘과 능력이 닿는 데까지 벌어서 먹고, 남는 힘이 있으면 착하고 가난한 사람을 도우면 되고, 나는 남의 밥을 얻어먹지 않도록 열심히 일하면 되지 않겠어요. 우리에게는 아름다운 사범대(서울대 사대) 시절이 있고, 우리의 현실은 깊은 사랑의 강물이 마를 줄 모르고 유유히 흐르고, 우리의 앞날에는 바다 같은 넓은 도량과 깊은 애정이 있을 것이거늘 무엇이 답답해서 명예와 돈을 위해 타인을 헐뜯겠어요.

사람마다 생각과 판단과 성격과 이해관계가 다른 이상 갑이 을을 평하는 것을 두고 나도 똑같은 판단의 결과를 가질 필요는 없어요. 나는 이제부터 인생과 사회의 첫 문을 열고 발을 디딘 사람이오. 사랑하는 당신에게 부탁하오니, 나에게 명예를 얻으라고 하지 마시고, 나에게 돈을 벌라고 조르지 마시고, 남을 치고 남을 누르고 위대한 사람이 되라고 재촉하지 마시오. 오직 착하고 덕 있는 사람이 되어달라고, 인자하고 따듯한 남편과 아버지가 되어달라고만 부탁하시오. 나는 당신 말을 그대로 좇아서 그 길을 향해 살아가도록 최선의 노력을 다 하겠소.

영원한 내 사랑! 동순!

충식

1964년 3월 11일 밤 11시

귀국 후에는 모든 처신을 신중히 할 것이오

영원한 나의 벗 동순에게

친구네 집에 다녀와서 곧 펜을 잡았어요. 보내준 신문도 고맙게 읽었어요. 신문은 이곳 한국인 전부가 읽고 나면 영원이에게 보내 줍니다. 신문을 싼 종이 뒤에 당신이 쓴 편지가 있기 때문에 그것은 가위로 곱게 잘라서 다른 편지들과 함께 보관합니다.

오늘은 날씨가 청명하고 고요한 일요일입니다. 당신과 애들이 더욱 그립고, 깊은 생각에 잠기게 되는 날씨이지요. 토요일 저녁에 편지를 쓰지 않는 이유는 일요일에는 우편국이 문을 닫기 때문에 토요일 편지가 일요일 편지와 같이 배송되기 때문입니다. 토요일 만큼은 편지 쓰는 것을 쉬기로 했어요.

지금 시간은 오후 4시 1분 전입니다. 어제 저녁에는 학장님 아들과 정OO 씨의 처남과 함께 일본 극장에 가서 칼싸움하는 시대극을 봤지요. 아내를 지극히 사랑하는 무사와 남편을 온갖 정성으로 받드는 아내인 두 주연을 우리 부부처럼 생각하고 보니 곧 한국으로 뛰어가고 싶은 생각이 솟아오릅디다. 그것을 실행하지 못하는 이 순간이 안타깝구려. 고독과 회상에 잠겨 서너 시간을 보냈습니다. 이곳 생활은 언제나 다름없는 생활이 되풀이되므로 지루하고 심심하다 못해 짜증이 날 지경입니다. 낮에는 여름처럼 덥기 때문에 공부도 할 수 없어요. 유타대학에서 만난 친구한테 갔더니 냉면을 사준다고 해 같이 나갔었는데 냉면 맛이 어찌나 형편없는지 먹다가 그만 버렸어요.

김치는 큰 병에 담은 것이 2달러 50센트 선인데 계속 사다 먹고 있으니 김치 생각은 나지 않아요. 배추가 너무 질긴 것이 탈이지요. 김치 맛은 당신의 보쌈김치가 최고인데, 올해는 그것도 못 먹었네요. 나로서는 미국에 와 새로운 생활에 시달리지만 어느 정도 견딜 수 있다 하겠으나, 당신은 나 없는 동안 무척 쓸쓸하고 쓰라린 생활을 할 것이오.

어제 밤에 당신 꿈을 꾸었어요. 당신이 길 건너에서 양장을 하고 버스를 기다리고 있고 내가 길을 건너가려고 하니 버스가 당신 쪽으로 가지 않고 나 있는 쪽으로 오기에 당신을 불렀어요. 그런데 아무리 불러도 당신이 오지 않아 버스를 보니 버스가 아니라 장의사 차라 욕을 하고 타지 않았어요.

꿈에서 깨어나니 아직 캄캄한 새벽이구려. 한참 동안 당신 생각을 하면서 잠을 청했으나 잠이 오지 않는구려. 이 편지를 쓰고 나면 곧 나 있던 대학으로 편지를 써야지요. 그것이 끝나면 곧 공부에 들어가는데, 아마 저녁을 해먹고 공부가 시작될 것 같아요.

귀국 후에는 약 6개월 동안은 일체의 보직도 맡지 않을 것이며, 조용히 내 공부나 하고 가족들과 지내겠어요. 나는 강의 이외에는 일체 간섭하지 않고 학생만 열심히 공부시키고 타 교직원들과도 사적 공적 접촉을 피하고, 냉정한 비판력과 판단력으로 내가 경험한 모든 것을 토대로 앞으로 학교를 재건할 계획을 세밀히 세우겠어요.

내가 귀국하자마자 보직을 맡고 일을 시작하면 내 소신과 계획대로 잘 되지 않을 뿐더러, 나 없는 동안에 실패한 모든 사무적인 책임을 나에게 전가할 것이며, 나와 사이가 좋지 못했던 사람들이 또 모략을 시작할 것이며, 자신들의 무능으로 인해서 생긴 모든 과오를 나에게 돌릴 것이며, 나 없는 동안 교원 중에서 음으로 양으로 받은 설움을 나를 자극시켜 울분을 풀고자 과장된 얘기도 전할 것이오.

그러니 나는 일체 공적 사적으로 접촉을 금하고 연구에 열중할 계획이오. 직원과 교수를 막론하고 나는 다 존경하는 마음으로 대해야 하고, 행정적 실패를 초래케 한 분을 공격하기보다 위로해주고 격려해주어야 하며, 타인에 대한 비난은 죽어도 해서는 안 된다고 생각하고 있어요. 비록 타인이 나를 비난하고 괄시한다 해도, 나만큼은 학자의 역량을 배양하고 학자의 지조를 지키면서 사람으로 태어난 인격의 몫을 치러야 한다고 생각합니다.

영문과에 공OO 선생이 과주임이 된 것은 나와는 하등의 관계가 없고, 과주임은 1년마다 바꾸는 것이니 학장님의 행정적 처사가 옳은 것이며, 박OO 선생이 과주임에서 물러나게 된 것도 두 학기 과주임을 했으니 마땅히 다른 사람이 과주임을 해야 하며, 비록 박 선생이 개인적으로 나와 가까운 친구라 하지만, 공적인 면에서는 친구라는 사사로운 입장을 떠나서 생각해야지요.

새로 과주임이 된 사람은 나와는 개인적으로는 가깝지는 않아도 경력상으로 보나 교육경력으로 보나 마땅히 과주임이 될 수 있는 자격을 갖춘 사람이거늘 그러한 옳은 인사행정을 하신 학교 간부에 대해 나는 오히려 고맙게 생각합니다.

동순의 충식으로부터

1964년 3월 15일 일요일 4시 반

당신에 대한 나의 사랑은 절대적이고, 진리요!

나의 영원한 생명과 같은 귀중한 아내에게

오늘은 3월 25일 수요일. 고대하던 영주권이 나왔어요. 시험 준비로 직장도 안 나가고 종일 학교 도서관에서 공부하고 저녁 9시가 넘어 귀가하니 당신의 편지 두 통과 상무 선생님의 회신과 법무성에서 온 편지가 고루고루 왔어요. 냉장고를 열어보니 아무것도 없기에 시장에 가서 장을 보고 가정잡지 4월호 세 권(세 종류)을 샀어요. 세 권을 한꺼번에 부칠 수 없어서 세 번으로 나누어 항공으로 부치겠어요.

오늘 당신의 20일, 23일자 편지를 읽고 무척 기뻤어요. 부사장이 전화로 시험 치는 데에 돈이 들 터이니 보너스를 가지고 가라고 하더군요. 내일 아침에 잠깐 들러서 20달러를 갖고 가라고 하는데 이래저래 오늘은 신이 나는구려! 영주권이니 무엇이니 해도 그것을 받기 위해 소비된 시간과 경비는 말할 수 없을 정도며, 이민국과 연결을 맺도록 해준 변호사에게도 사례를 해야지요.

한국은 영주권을 받을 수 있는 정원이 매년 100명으로 되어 있는데 혼혈 고아가 포함되어 있어 매년 그들이 차지하는 비중이 7~8할이며, 나머지 20여 명이 일반 한국인에게 배당되는데 유학와서 자연과학 계통으로 석사학위, 박사학위를 받은 사람은 5년 정도 기다려야 합니다. 그리고 7년, 10년 거주한 사람만도 수백 명, 목사도 수백 명이 되지요. 그들에게 우선권이 있어도 신청자가 꽉 차 있어 영주권이 나올 수가 없어요.

내년도 꽉 차 있고, 내후년도 꽉 차 있어요. 이미 몇 년 전부터 신청한 사람이 1,000여 명에 가까운 숫자인데, 나는 특별 케이스로 미국 법무성에서 직접 취급한 덕과 신의 도움으로 된 것이오. 내일 보건성에 등록하고 사회보장제도에 의한 합법적 취업 승낙을 신청하면, 이제 시민의 신분으로 살게 되는 것이며 다음 학기부터 주립대학은 일체의 학비가 면제됩니다. 그리고 나의 직계가족은 도미 6개월이 지나면 나의 신청에 한해서 영주권을 획득하게 되는 것이오.

무엇보다도 반가운 소식은 당신이 내 여름바지를 보내준다는 것이오. 여기서 사려면 퍽 비싸요! 고맙소! 나의 동복은 4월 초 모두 선편으로 내수동 집으로 부쳐야겠으며, 박OO 선생과 자주 연락해 내가 얘기한 것 빨리 추진해 4만 환 내지 5만 환 확보해두어요. 대신 절대 비밀로 할 것을 박 선생께 부탁해놔요!

몸이 피곤해요. 새벽 3시까지 공부하고 자야겠어요. 나의 사랑의 척도를 알고자 하는 아내는 어리석어요. 우주처럼 광대한 나의 사랑을 의심하는 아내처럼 어리석은 사람은 이 세상에 없을 것이오.

나의 당신에 대한 사랑은 절대적이고, 진리요!!!

1964년 3월 25일 수요일 밤 12시

재회의 약속이 있기에 고독을 견딜 수 있어요

영원한 나의 사랑 동순에게

오늘은 3월 29일 일요일. 3월도 며칠 남지 않았구려. 곧 4월이 오는구려. 하루하루가 몇 해처럼 지루하나 재회의 그날이 가까워지는 것은 사실이구려. 재회의 약속이 반드시 전제됨으로써 우리는 고독한 이 날을 참으면서 살 수 있는 것이오.

금요일 저녁은 학교 강의와 종일토록 시험공부에 시달려 너무 피곤한 탓에 당신에게 편지도 쓰지 못했구려. 어제 토요일에는 미국 학생의 집에 가서 필기장을 정리하고 모르는 것을 배우고 저녁 늦게야 귀가했어요. 오늘은 부활제라고 아파트의 모든 사람이 교회에 나갔고, 나 홀로 방안에 들어앉아 펜을 들고 편지를 쓰고 있는 것이오.

4월호 가정잡지 세 권을 항공으로 부치려고 했는데, 우편료가 근 8달러나 되기 때문에 선편으로 부쳤어요. 잡지라서 항공으로 부쳐야 되겠다 싶었지만, 우편료를 절약해서 한국에서 그 돈을 쓰면 더욱 좋을 것 같아요. 5월 말이면 여비는 충분히 저축되어요. 나의 계획은 5월 말까지 모든 여비를 완결 짓고 떠나는 것이에요. 그리고 서울 남대문에 있는 해운공사에 연락해 해운공사 미국 지점의 주소를 좀 알아봐 연락주어요. 여기서 여기저기 알아봤지만, 모두 모른다고 해서 서울서 알아보는 것이 빠를지 싶어요. 그리고 전화도 알아봐줘요.

내가 출발할 때 전보를 치겠어요. 만약 배로 출발하게 되면 부산에서 전보를 하겠어요. 서울은 제법 따뜻해졌겠구려. 여기는 해안 도시라 아침저녁으로는 춥고 낮에는 찌는 듯 더워요.

오늘은 아버님과 지OO 생님에게도 편지를 써야겠어요. 가족 이외의 분에게는 그동안 통 회신도 안 했고, 오직 학장 선생님과 상무 선생님에게만 편지했어요.

학자풍의 인간은 대부분 냉정하고 의리가 없고 자만심만 충만한 것이오. 그렇기 때문에 남 잘난 것은 시기하고, 자기만 잘났다고 하는 것이 학자의 기질이라고 봐도 과언이 아니오. 그러므로 나는 모든 교수나 혹은 교수 친구들에게 대하는 사념과 태도가 180도로 달라졌어요. 그들에게는 오직 경우에 맞게만 대하고, 친할 필요 없고 도와주려 애쓸 필요 없고 망치려고 할 필요 없고, 법과 규칙대로 대해주면 되는 것이오.

학자와 의리를 맺는 것은 정치가와 의리를 맺는 것만큼 어리석은 짓이라 생각해요. 이따금 내가 이상한 글을 써서 당신은 괴이하게 생각할 것이나, 그동안 이곳에서 고생해보고 서울서 살고 있는 모든 옛 사람의 마음을 보니, 믿을 만한 사람은 많지가 않으며 믿어서 안 될 사람을 믿다가는 큰 봉변을 당한다는 것을 알았소. 며칠 동안 당신의 편지가 없었어요.

1964년 3월 29일

당신의 것

밤낮으로 시험공부에 매진하고 있어요

유일한 동순 씨에게

3월 29일자 당신의 편지는 오늘 받았어요. 오늘은 3월 31일 화요일이오. 아버님의 병환이 나으셨다니 참으로 다행한 일이며, 신명님의 도움이 있으신 탓이라 확신하오.

어제 월요일과 지난 금요일에 편지를 못 쓴 것은 시험공부를 하느라 꼬박 밤을 샌 탓에 너무 고단했기 때문이오. 내일 4월 1일 오전 8시부터 시험이 시작되어요. 3일간 다섯 과목이 계속되지요. 새벽 6시에 일어나 집을 출발하면 7시부터 학교도서관이 개장해요. 조금이라도 늦으면 자리를 잡을 수가 없어요.

근일 평균 잠자는 시간은 3시간. 하루에 약 15시간을 독서해요. 그렇지 않으면 A학점을 받을 수 없어요. 유타의 성적도 절반 이상은 A학점이고 나머지는 B학점이오. 이번에는 전부 A를 받아야겠어요.

오늘은 어찌나 코피가 쏟아지는지 머리가 아파요. 거의 빵으로 대식하며, 밥을 지어 먹을 시간도 없어요. 시험이 끝나면 회사에 미안해서 열심히 일을 해야 하며 며칠 결근한 것도 보충해서 봐주어야 해요. 오늘 밤은 단 1분도 잠을 자서는 안 돼요. 내일은 로마사 시험과 인도사 시험이오. 참으로 복잡하고 어려운 과목이지요.

오늘도 학교 도서관에서 늦은 10시 50분에 돌아왔어요. 집에 오면 친구들이 놀러오기 때문에 학교 도서관에서 공부해요. 이번에는 주말도 없어요. 참으로 고단해요! 당신이 나를 대신해 자주 아버님을 뵙고 인사해요. 내일부터는 당분간 매일 편지를 쓸 수가 없어요. 종이에 글 쓰는 것은 간단하나 편지를 쓰기 전과 쓴 다음에 당신을 생각하고 추억을 생각하느라 2시간 정도는 낭비하게 되어요.

지금은 1시간에 평균 60~70페이지는 사전 없이 거뜬히 읽어치우지요. 잡지나 책은 사전 없이 다 읽어요. 문장도 퍽 매끄러워져 교수도 글을 참 잘 쓴다고 칭찬해요. 내가 귀국한 다음 당신이 내 회화를 들으면 깜짝 놀랄 것이오. 머리가 옛날처럼 아주 좋아졌어요. 한 번 기억한 단어는 결코 잊어버리지 않아요.

서반아어도 벌써 3,000단어 이상을 돌파해 쉬운 원서는 사전 없이 볼 수 있어요. 그러면 또 쓰겠어요.

안녕!

영원한 동순의 충식으로부터

1964년 3월 31일 12시 50분

나의 고생을 당신이 상상할 수 있을 것이오

영원한 사랑 동순에게

오랫동안 편지를 못 써서 미안하오. 오늘은 4월 4일 토요일이오. 어제 중간시험을 무사히 끝마쳤어요. 여러 날 동안의 시험 준비에 수면을 제대로 못한 탓으로 2일간 계속해서 코피를 쏟았어요. 평균 3시간씩밖에 잠을 못 잤어요. 다섯 과목 중 네 과목은 뜻대로 잘 쳤지만, 한 과목은 실패했어요. 지나친 피로로 오늘은 몸이 퍽 무겁구려. 손발이 퉁퉁 부어 행동도 부자유스럽군요.

4월부터 월급이 훨씬 올라(이제는 미국 시민 대우로) 주급이 아니라 월급이 되었어요. 정OO 씨의 월평균 수입이 240달러인데, 나는 350달러입니다. 같은 회사에 있는 학장님 아들은 170달러입니다. 이것만 비교하더라도 그동안 나의 고생을 당신이 상상할 수 있을 것이오.

4월부터는 매월 200달러씩 저축할 수 있어요. 5월 중간이면 여비 마련은 끝나고, 이후의 고생과 돈벌이는 계림이를 위한 고생이 될 것이오. 내가 결혼하고 딸을 갖게 되면 반드시 피아노를 사주겠다고 마음속으로 결심했어요. 내가 두 달만 더 고독과 고생을 극복하면 계림이에게 10만 원짜리 피아노를 사줄 수 있는 것이오.

4월부터 월급은 450달러(그중 원천과세가 100달러)가 되지만, 반면 업무량이 늘어나고 학기말이 가까워 학업량도 늘어 내 몸이 고달파지는 것은 사실이오. 미국에 와 12시 이전에 자본 적이 없고, 아침 6시 이후에 일어나본 적이 없어요. 미국은 게으른 놈은 아주 살 수 없는 곳이지요.

오늘 밤은 이민국 일로 공항에 나가요. 의복은 내주에 다 선편으로 부치겠어요. 그리고 명의변경은 박OO 선생과 협의해서 속히 하도록 해요. 여유가 많이 있지 않으니. 박 선생보고 빨리 해달라 부탁하고, 절대로 비밀로 하라고 얘기해요. 여의치 못하면 여행사에 부탁하는 수밖에 없어요.

내가 귀국할 때까지는 삼선동 집에서 이사하지 않고 살 수 있을는지 궁금하구려. 그래서 단 얼마라도 더 받아서 생활에 보태 쓰든지, 저축하든지 그것은 당신 재량에 맡기겠어요.

이제는 고생이 지긋지긋하구려. 잠자는 시간 5~6시간을 제하고 나머지 시간 15~16시간은 계속해서 직장과 학교에 바쳐야 하니 내 몸도 쇠뭉치가 아닌 이상 이제는 지쳤어요. 시험 때문에 며칠 동안 잠을 잘 못 자고, 만 2일간은 거의 24시간 잠을 못 잔 탓으로 얼굴이 창백해졌어요. 내일 일요일은 실컷 잠을 자야겠어요.

영원히 사랑하는 동순에게

1964년 4월 4일 토요일 아침 11시 15분

당신을 그리워하며, 당신을 원망하며

소식 없는 당신에게

통 소식이 없구려! 기다리고 기다려도 당신에게서 오는 소식이 통 없구려. 꼬박 일주일을 기다려도 아무런 소식이 없구려. 지난 일주일, 4월 30일부터 당신의 편지를 학수고대했으나 5월 7일이 되는 오늘까지 통 소식이 없구려.

고독한 내 마음이 그리움에 산산이 헐리었는데, 고독과 그리움의 대상인 당신의 편지가 없으니 나는 불안과 초조함으로 가슴이 미어지는 듯하오. 5월 10일이면 여비도 마련되고, 6월 10일부터 17일 사이는 학기말시험이고, 6월 내로는 귀국하게 되겠지만 그래도 하루하루가 고독하고, 잠시라도 당신을 생각지 않고는 도저히 살 수 없는 나인지라.

하루하루 기다리다 지쳐서 오늘은 당신의 소식도 받지 못한 채 펜을 잡았어요. 내일(지금은 오늘)은 결근할 마음을 먹고 늦도록 책상에 앉아서 당신을 그리워하면서, 당신을 원망하면서 편지를 쓰고 있는 것이오. 5월 중순부터는 본격적으로 시험 준비를 해야겠는데, 몸은 점점 쇠약해가고 당신마저 자주 편지를 해주지 않는다면 고독에 찢어지는 허전한 이 마음 누가 위로해주겠소!

당신의 남편 충식

1964년 5월 8일 새벽 1시

당장 당신 곁으로 달려가 간호하겠어요

사랑하는 동순에게

자꾸 눈물이 흘러서 펜을 잡을 수 없구려! 학교에서 귀가하여 용우의 편지를 받고 어찌나 놀랬는지 몰라요. 일생을 두고 잊을 수 없는 쇼크였어요.

곧장 친구의 차를 잡아타고 과 주임교수와 대학원장실을 밤중에 방문했어요. 당신이 입원했다는 사실을 말하고, 학점도 중하고 유학도 성공도 모두 다 중하지만, 이 세상에서 나의 처 이상으로 소중한 것은 없다고 얘기했어요. 6월까지 남아서 학기말시험을 칠 수가 없다고 얘기하고 나의 딱한 사정을 배려해서 특별히 학기말시험을 개별적으로 내주에 치도록 해달라고 간청했어요.

그때 어찌나 눈물이 나는지 외국 교수 앞에서 울면서 사정했지요. 원장 부인도 함께 울었어요. 과 주임도, 원장님도 담당 교수들에게 전화로 통지해 나 개인을 위해서 특별히 시험을 출제해주도록 부탁하셨어요. 월요일에 대학원 지도위원회에서 결정되는 것을 가정해서 교수들은 월요일까지 나를 위해 시험을 개별 출제하는 데 모두 동의했어요.

그 승낙을 받고서 나는 곧장 집으로 달려와서 짐을 정리했어요. 5월 25일 월요일에 항공사에 가서 비행기표를 예약하고, 곧장 회사에 가서 사표를 내겠어요. 그리고 27일이나 28일에 미국을 출발하겠어요. 당신이 이 편지를 받을 때 아마 나는 태평양이나 동경 상공에 있을 것이오.

동순이! 당신이 너무 고독했구려. 나도 무척 고독했어요. 부디 어서 병을 이겨내요!

당신이 이 편지를 다 읽었을 때는 내가 한국 상공에 있도록 하겠어요. 밤늦게나마 원장님 이하 여러 교수들이 주말여행을 가지 않고 집에 있었던 것이 다행이오. 나는 26일에 무사히 시험을 치르겠어요.

나에게는 모든 것이 다 필요 없어요! 오직 당신만이 당신뿐만이 나에게는 힘과 삶의 원동력이오!

기운을 내고 병을 이겨야 하오. 내가 도착할 때는 병석에서 일어날 수 있도록 해요. 지금은 5월 23일, 밤 깊은 1시 40분이오. 당신이 있는 곳은 5월 24일 오후 5시 반일 것이오.

어떤 것도 고민하지 말아요. 마음을 내려놓고 푹 쉬어요. 당신을 그리던 내가 당신 곁에 가서 당신을 포근히 내 품에 안고 병이 낫도록 간호하겠어요!

영원히 사랑해요.

당신의 충식으로부터

1964년 5월 13일 새벽 1시 42분

• 추신

이 편지를 받은 후에 나에게 회신하지 말아요. 당신의 회신을 받기 전에 나는 서울에 도착할 것이니까!

지금, 당신에게 달려가고 있어요

사랑하는 동순에게

미국에서는 이 편지가 마지막입니다. 오늘 오전에 일본항공사에 가서 455달러를 지불하고 비행기표를 샀고, 회사에 나가서 사표를 내고 출국 준비를 완료하고, 오후에는 교수연구실에서 두 과목 시험을 치고 내일 오후에 또 두 과목 시험을 칩니다. 출발은 미국 일자로 5월 28일 목요일 오후 2시이고, 일본항공으로 가서 동경에서 1박 하고 한국 날짜로 토요일(30일)에 노스웨스트기(비행기번호 09)로 서울에 도착할 것이오.

하루 속히 당신 곁으로 가서 당신을 위로해 고독에서 해방시키고, 병고에서 구하고 싶어요. 당신이 이 편지를 읽고 있을 때 나는 벌써 미국을 출발했을 것이고, 아마 동경에 있을 것이오. 당신에게 줄 선물이라고는 건강한 내 몸과 변함없는 사랑 이외에는 아무것도 없어요. 현금이 조금 남은 것은 그대로 가지고 공항에서 공환(공정환율)으로 바꾸어서 지참하겠어요.

그래서 당신의 병과 건강을 위한 약값으로 쓰겠어요. 동순이, 내가 귀국할 때까지 완쾌하기를 신명님께 빌겠어요. 정신력으로 병을 이겨요! 영원히 사랑하는 동순의 행복을 위해서 나는 무슨 희생이라도 감수할 것을 다시 약속하오!

동순의 충식으로부터

1964년 5월 25일 월요일 밤 10시 반

1963년 6월,

장충식이 32세의 나이로 브리검영대학교 대학원에서 공부하기 위해 유학을 떠난다.

신동순은 경기대학교 가정과에 출강하며 아이들을 돌보는 한편,

편지를 통해 남편에게 가족의 소식과 고국의 근황을 전한다.

당시 장충식, 신동순 부부에게 서로의 편지는 외로움을 이겨내는 유일한 수단이었다.

신동순은 "당신의 편지를 받는 것이 내 생활에서 가장 즐거운 일",

"당신의 편지는 나의 정신의 양식이며,

양식이 끊어지면 희망이 끊어지듯 절망을 느껴요"라고 고백한다.

2부에는 신동순이 미국으로 유학을 떠난 장충식에게 보낸 편지가 담겨 있다.

남편을 그리워하는 아내의 애틋한 사랑과

남편이 없는 동안 부족한 생활비를 메우고

시댁과 아이들을 살뜰하게 챙기는 모습이 잘 드러나 있다.

2부

잠 못 드는 밤을 보내며

신동순 1963. 10. 21~1964. 5. 26

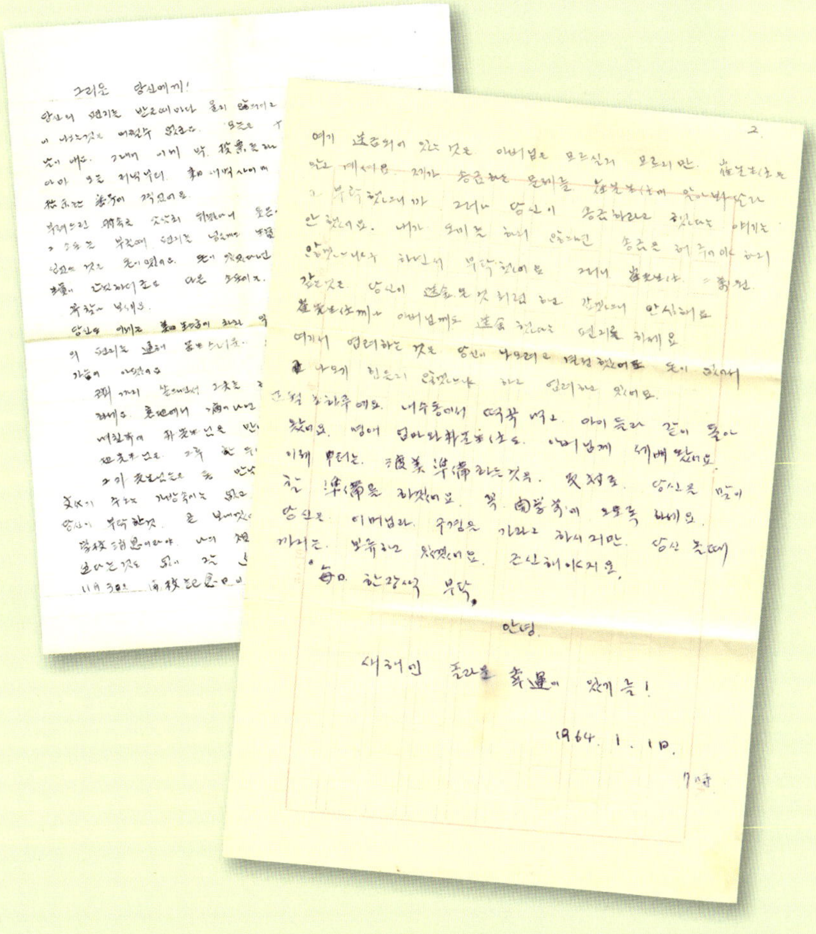
2

여기 送金되어 있는 것은 아버님은 모르실지 모르지만 알고 계세요. 제가 송금하는 문제를 [illegible] 부탁했으니까 그러나 당신이 송금하라고 했다는 얘기는 안 했어요. 내가 도미 못 하지 않으면 송금은 해 주어야 하지 [illegible] 하면서 부탁했어요 그러나 [illegible] 같은 것은 당신이 送金 못 할 것 같아서 [illegible] 아버님께도 送金 했다는 연락을 하세요

여기서 염려하는 것은 당신이 [illegible] 나에게 힘들지 않겠느냐 하고 염려하고 있어요.

[illegible] 내수동에서 떡국 먹고 아이들과 같이 놀아 [illegible] 아버님께 세배 왔어요.

이제부터는 渡美 準備하는 것뿐. 첫째로 당신은 많이 [illegible] 準備를 하겠어요. 꼭 [illegible]에 오도록 하세요. 당신은 이 [illegible] 가라고 하시지만 당신 올 때까지는 보유하고 있겠어요. 근심해 하지 마요.

每日 한 장씩 부탁.

안녕.

새해의 즐거움 幸運이 있기를!

1964. 1. 10.

7시

당신이 안 계신 삶이란

사랑하는 당신에게

날이 갈수록 당신을 생각하는 시간과 마음이 간절하군요. 한시도, 하루도 당신 생각이 떠날 줄을 모르고 항상 당신 곁으로 달려가죠. 당신이 떠난 지 한 달이건만 무척 오랜 세월이 흘러간 것만 같고 이러한 생활을 계속해서 지루하게 해나가야 할 생각을 하니 앞이 캄캄해지는군요.

우리의 생활에 많은 변화가 있었지요. 진심으로 당신의 사랑을 그리워하고 당신이 필요한 존재라는 것을 절실히 느낄 수 있었고 당신이 안 계신 삶이란 무의미하다는 것을 경험할 수 있었으니 우리 결혼생활의 소득이라 할 수 있죠. 당신의 말과 같이 우리가 다시 재회한다면 이 세상에서 둘도 없는 행복한 부부가 될 것 같아요.

여보, 우리의 장래를 생각해서 고독과 고생스러움과 공부와 힘껏 싸워나가세요. 저도 우리의 보다 훌륭한 삶을 위해 힘껏 노력하겠어요. 제게는 오직 당신만이 있을 뿐이에요.

당신이 계신 곳은 몹시 추운 곳이군요. 첫눈이 내렸다니 정말 빨리 추워지는 곳이군요. 당신의 편지를 받고 곧 오버코트와 바지, 장갑, 두꺼운 양복, 스웨터, 목도리 등을 항공으로 부쳤어요. 먼저 부탁한 스키복, 곤색 바지, 고무신, 스웨터 등은 선편으로 부쳤으니 한 달 반 만에 받으실 거예요.

아버님께서 걱정하실까 염려했는데 아무 말씀 없이 부쳐주셨어요. 감기 조심하세요. 여기 계실 때처럼 감기에 걸려 재채기는 안 하는지요. 책 목록과 계림이 사진은 받으셨죠. 계림이 사진은 당신 선반 위에 꽂아놓으세요. 편지를 써놓고 잊어버려 책 목록 부치는 봉투에 넣지 못해서 곧 다시 펜을 들었어요. 초청장과 재정보증서를 손꼽아 기다립니다. 그럼 또 쓰겠어요. 안녕.

당신의 동순

1963년 10월 21일

• 추신

오늘 정OO 선생(영어)과 영어공부를 했어요. 내년 봄에는 미국에 꼭 가야겠다고 마음이 들떠 있어요. 장학금이 안 되어도 좋으니 입학허가서만이라도 빨리 보내주시면 영어레슨을 받는 저도 마음이 가벼워질 것 같아요.

당신 꿈을 꾸면 반드시 편지가 와요

사랑하는 당신에게

10월 16일자 편지는 잘 받았어요. 당신의 편지는 얼마나 반갑고 나를 희망에 차게 했는지 몰라요. 당신도 이제는 미국 생활에 기반이 잡혀가고 회화도 능숙해졌다니 정말 기뻐요. 당신이 서류를 구비해 보내기만 하면 만사 제쳐놓고 수속에 착수하겠어요. 그러나 아버님의 편지를 받아보셔서 아시겠지만, 나의 도미 문제에 대해 어떻게 아셨는지 저한테 직접 걱정은 안 하셨지만 다른 분들(형님)에게는 무척 걱정하셨어요.

그러니까 당신이 아버님께 편지할 때 신중히 생각해서 승낙을 얻도록 해주세요. 아버님은 현재 당신이 곁을 떠나 있는 것도 외로우신데, 나까지 도미한다면 돌아오는 데 오래 걸릴 뿐더러 부모나 학교나 다 버리고 저희들끼리만 잘살려고 하는 것이 아닌가 걱정하시는 것이에요. 당신이 현재 입장을 잘 설명하고, 유학 목적을 달성하고 틀림없이 귀국하겠노라고 말씀드리세요.

오늘은 공휴일이죠. 모래는 용우 할아버지 제사라 아주머니 댁에 와서 조금 틈이 있기에 당신에게 펜을 들었어요. 서류가 도착하면 박OO 선생님께 수속하는 데 도와달라고 했더니 그러겠다고 하더군요. 요사이는 매일 당신 꿈을 꾸다시피 하네요. 당신이 집안에 있는 꿈만 꾸면 반드시 편지가 와요. 당신의 서신을 기다리고 편지를 읽는 시간이 나의 삶에 가장 행복한 시간이에요. 여보, 아무쪼록 건강하세요. 안녕.

당신의 동순

1963년 10월 24일

• 추신

당신의 지시대로 다 하겠으니 염려 마세요.

밤낮 당신 생각으로 꽉 차 있어요

사랑하는 당신에게

25일에 부친 편지는 잘 받았어요. 이렇게 멀리 떨어져 있으니 과거를 추억하게 되는군요. 저의 과거는 역시 아름답고 정열적인 사랑이었어요. 저도 가끔 지난날의 모든 일을 되살리면서 당신을 그리워하고 있어요. 금붕어다방에서 시작하여 오늘에 이르는 10년. 이번 12월 23일이면 만 10년이 아니에요. 10주년에는 생을 통해 잊을 수 없는 날이 되기를 빌겠어요.

여보, 아버님께서 당신에게 귀국하라는 편지를 두 번 하셨다는 것은 알고 있어요. 당신이 귀국할 생각이 있더라도 적어도 한 번은 단호히 도미한 목적을 달성한 연후에 귀국하겠다고 편지하기를 바래요. 모든 자격을 갖추고, 아버님께 경제적 지출을 충당시켜드리기 위해서도 귀국하지 않겠다고 하세요.

그리고 내가 돌아다닌다고 하신다니 참 어이가 없군요. 가끔 전화를 거셨다가 내가 집에 없으면 밤낮 돌아다니는 줄 알고 단언을 내리시는군요. 결국 아버님께서는 당신을 귀국시키기 위해 그런 말을 당신에게 하신 것이 아닐까요. 당신이 도미하기 전에도 가끔 그런 말씀을 하셨잖아요. 뭐 의혹이라도 있지 않느냐고요. 천만의 말씀. 나를 유혹하려 드는 놈은 개미 새끼 한 마리도 없으니 염려 마세요.

나는 밤낮 당신 생각으로 꽉 차 있는데 다른 데 정신을 기울일 마음의 여유가 있을 수 있겠어요. 당신의 편지를 받을 때는 항상 내 곁에 당신이 있는 것 같은 걸요. 당신이 귀국하게 되더라도 저는 도미하겠어요. 단 몇 달이라도 당신과 같이 벌어서 집이라도 마련할 돈을 가져와야 하지 않겠어요. 그것이 저의 희망이에요. 당신을 하루 빨리 만날 수 있는 길은 도미하는 것뿐이죠.

여보, 요사이는 어떻게 생활하세요. 염려되어요. 꼭 당신이 굶고 있는 것 같군요.

보고 싶어요. 울고 싶도록…….

당신의 동순

1963년 11월 3일 9시

당신의 편지를 읽을 때는 고독하지 않아요

유일한 당신에게

오늘은 사랑을 담뿍 담은 편지를 두 통이나 받았어요. 아침엔 당신의 사진을 동봉한 것을 받고 아이들도 온 집안이 떠들썩하도록 사진을 들고 좋아라 뛰고, 어머니께서도 당신의 사진을 보시고 다른 사진은 괜찮은데 방에 앉아서 찍은 사진은 꽤 말랐다고 걱정하셨어요.

그리고 지금 막 한국은행에서 고대하던 송금안내장이 와서 너무나 기뻐서 눈물이 나요. 재정보증서도 곧 도착하겠지요. 그러면 하루 속히 수속을 마치겠어요.

어머니께서도 빨리 수속을 해 떠나라고 말씀하세요. 당신께 부탁할 것은 아버님께 금전적으로 부탁드리지 말라는 것이에요. 100달러 건은 6개월 응낙하셨으니까 당신은 증명서만 속히 보내고 그 외 돈 이야기는 하지 마세요. 제가 수단껏 해 갈 것이니까요. 송금안내장도 당신의 11월 11일자 편지와 함께 받았어요. 저는 지금 정말 행복해요. 당신의 편지를 읽을 때는 고독하지도 않고 행복할 뿐이에요.

당신이 미국으로 떠난 지 불과 두 달인데 오늘까지 당신이 보낸 편지가 스물세 통이나 되어요. 박OO의 편지는 내일 일요일에 전하겠어요.

아버님께 이런 내용의 편지를 꼭 부치세요. 나를 도미시켜주시는 데 대해 자식으로서 감사하고 또 죄송하다는 내용과 내가 당신 곁에 가는 것은 당신의 생활과 학비를 돕기 위해서이고, 몇 달 후에는 아버님의 경제적인 도움을 받지 않고 소정의 코스를 마치고 꼭 귀국하겠다고 쓰세요.(내가 가는 것은 아버님의 힘을 덜기 위한 일이라고요.) 아버님께서는 지금 당신의 생활도 어려운 처지인데 내가 간 다음에 경제적으로 어떤 부담을 주지나 않을까 염려하시는 것 같아요. 그래서 내가 도미하면 어떠한 곤란이라도 참고 반드시 성공해야 돼요.

기쁜 소식 하나! 최OO 선생님이 23일 전부터 학교에 나가시는데 정식으로는 아마 월요일쯤이 될 것 같아요.

여OO 선생에게 급한 사정을 얘기했더니 여 선생이 처제에게 편지를 하겠대요. 그리고 박OO 조교의 친구가 브리검영대학 심리학과에 있는데 당신 도미 직후 당신과 만났고 일어반에서 같이 공부한다는 말을 들어서 얘기했더니 홍OO에게 편지해서 도움을 줄 수 있는 형편이면 도움을 주라고 편지하겠대요.

당신의 (   ). 빈 칸은 당신이 채우세요.

1963년 11월 16일

우리의 첫 만남을 선명히 기억해요

사랑하는 호성 아빠에게!

날이 갈수록 더 보고 싶고 더 안타까워 당신에게 펜을 들지 않고는 못 견디게 괴로워져요. 지금 김장을 다 끝내고 온몸이 아프고 고단한데 뜨뜻한 방에 누어서 편지를 써요. 꼬마들은 한창 신이 나서 깔깔거리며 잔등을 오르내리며 놀고 있어요. 김장을 끝내니 한시름을 놓은 것 같아 마음이 가벼워져요.

강의도 이번 주에 거의 끝나고 경기대학에서는 새달 초부터, 단대에서는 9일부터 시험이에요. 어제 편지에서는 재정보증서가 일주일 늦는다고 했는데 내가 늦게 갈수록 당신이 받는 경제적인 고통을 어찌하나요. 단지 그것이 내 마음을 항상 괴롭히고 있어요. 어떠한 방법이 없을까요. 돈이 떨어졌다는 말을 들으면서도 대책을 세우지 못하니 정말 안타까워요.

그리고 날씨가 여기보다 더 춥다니 건강에 조심하세요. 김치, 고추장 생각나지 않나요? 빵이나 감자만 잡숫지 말고 쌀로 밥을 짓고 시장에서 미국 사람들이 안 먹는다는 소의 꼬리나 뼈 같은 것을 사다가 큰 냄비에 물을 많이 붓고 몇 시간 고아서 곰탕을 해서 잡숴봐요. 추울 때도 따뜻하게 먹을 수 있고 몸에도 좋을 테니. 그리고 필요한 것이 있으면 말하세요. 그동안 김장 준비를 하느라 며칠 편지를 드리지 못했어요.

당신도 만일의 경우 내가 12월에 여기서 떠나지 못할 때의 대책을 세우지 않으면 안 되겠죠. 모든 일에 조급히 생각지 말고 앞일은 여유 있게 기다려주어요. 당신의 생각은 어떤지요? 벌써 11월 25일이니 앞으로 12월 2, 3일경에 재정보증서를 받는다 해도 예정대로 수속될지 확언할 수 없지 않겠어요. 그러니 생활에 대책을 세우지 않으면 꼭 당신이 굶을 것만 같아서 나의 마음은 조마조마해 죽겠어요. 지금처럼 당신을 가엾게 느껴본 적이 없어요. 12월 15일부터 방학이라니 그때 갈 수만 있다면 얼마나 좋을까요.

우리가 처음 만난 12월 23일, 10년 만에 극적인 재회를 할 수 있다면 얼마나 멋있어요. 나는 그날을 바로 엊그제 같이 선명히 회상할 수 있어요. 중국집에서 처음 만난 날 나는 당신의 정열에 그만 완전히 정신을 빼앗기고 말았죠. 우리는 만난 첫날부터 완전히 결합이 된 셈이죠. 그리고 10년 동안 줄곧 당신은 나를 사랑해주었어요. 지금도 저는 흐뭇한 행복감에 젖어 있어요. 단지 당신이 내 곁에 있지 않아 고독한 것만이 약간 불만이랄까. 여보, 건강히 몸조심하세요.

그럼, 안녕.

1963년 11월 25일 8시

• 추신

편지를 부치려니 더 쓸쓸해지는군요.

잠 못 드는 밤에

사랑하는 당신에게

고요한 밤이에요. 애들도 모두 잠이 들고 사방에 정적만이 깃든 깊은 밤에 그대로 자버리기엔 아쉽고 당신에게 펜을 들지 않고는 잠이 올 것 같지 않아, 당신을 생각하며 당신을 향하였어요. 당신을 이렇게 그리워하다 덧없이 세월이 흘러 늙어버릴 것 같은 서글픈 마음이 드는군요. 어제는 함박눈이 많이 왔어요. 눈을 볼 때마다 당신 생각이 더 나지요.

오늘은 수요일. 내일은 휴강이고 토요일 강의를 마치면 이번 학기는 전부 마치는 셈이고 시험만 보면 돼요. 그래서 12월 초부터는 영어강습에 나가려고 해요. 이것이 당신을 만나는 길이 아니겠어요. 며칠 전에 단대에서 정OO를 만났는데 브리검영대학교 대학원에서 장학금을 주겠다고 편지가 왔다며 좋아하더군요. 월요일에 오는 날인데 전화도 없었고 오지도 않았어요.

여보, 이제 밤도 늦었으니 내일 아침에 다시 쓰기로 하고 당신을 생각하며 잠들겠어요. 당신의 행운을 빌겠어요.

당신의 동순

1963년 11월 29일 오전 11시 반

• 추신

우편배달 시간이 지났는데 당신의 편지가 오지 않으니 내 마음 허전하고 쓸쓸하군요. 며칠 당신의 편지를 받지 못하니 공연히 초조해져요. 벌써 당신이 떠난 지 두 달이 넘었군요. 그러니까, 편지란 것이 당신과 나 사이를 연결시켜주고 있는 것도 두 달이 되었지요. 며칠 전 세 번째 〈동아일보〉를 부쳤는데 받아보셨는지. 어제 단대에서 학보(단대학보)에 실린 당신 사진과 당신의 기사를 보았어요.

모든 일에 용기를 내서 당신의 성공의 길로 모든 정력을 기울여 가기를 바래요. 4년제 복구 문제가 대두되면서 초급대학의 가정과가 폐지된다는 설이 떠돌며 1학년 가정과 학생들이 동요하고 있다는 소식이에요. 학교 당국에서도 잘 모르는 일인데 학생들이 먼저 알아서 민OO 선생님께 묻더래요. 그래서 민 선생님이 나한테 묻지 않겠어요. 4년제가 복구되고 가정과가 폐지된다면 정말 큰일인데, 아직 확정된 내용은 아니겠지요.

비록 삶의 방향이 꺾이었지만

사랑하는 당신에게

당신이 26일에 부친 편지를 받았어요. 또 한 번 인생항로의 방향을 꺾게 된 것을 지극히 섭섭하게 생각하며 당신에게 펜을 들지 않을 수 없어요. 당신을 불원천리 미국에서 만난다는 벅찬 희망이 와르르 무너진 듯 허전하나 인간은 삶의 방향을 마음대로 잡을 수 없는 것인가 보다고 생각해요. 인간이 혼자 살아갈 수 없는 이상, 대의에 역행해나간다면 어떠한 재앙을 받을지도 모르는 것이라고 자위해보죠.

당신이 도미한 목적을 달성치 못하고 돌아오는 것은 물론 나로서도 기쁜 일이라 할 수 없으나 당신의 문제는 당신이 결정할 것이라 생각해요. 그러나 돌아와서도 전과 같이 일을 할 바에는 귀국하지 않는 것이 현명할 거예요. 아버님께 다짐을 받을 때까지는 돌아오지 마세요. 단대의 발전을 위해서는 일차적으로 인사 문제에 대혁신이 있어야 할 거예요. 자세한 내용에 대해서는 다른 분들의 서신을 통해서 짐작할 줄 알아요.

4년제로 복구되면서 가정과, 수학과 등이 없어진다는 것은 당신이 안 계시기 때문이라고들 생각하고 있어요. 박OO 선생님도 당신이 돌아오기를 고대하고 있어요. 학교를 위해서는 당신이 빨리 돌아와야 하고 타인을 위해서라면 도미한 목적을 달성하여 돌아와야 되겠죠. 가사 문제, 직장 문제 등은 당신이 지시한 대로 할 테니 조금도 염려 말아요.

재정보증서는 받는 대로 송부해주세요. 이제 2학기 강의는 완전히 끝나고 기말시험만이 남았군요. 이제 내 시간을 만들어 영어공부도 열심히 해야겠어요. 저는 아직 도미하는 것을 포기하지는 않았어요. 재정보증서만 오면 순서대로 수속을 마치겠어요. 그런 다음에 결정할 문제라고 생각해요. 당신도 아버님이나 다른 분들이 꼭 돌아와야 한다고 말해도 처음에는 돌아갈 수 없다는 내용의 편지를 하세요.

그래야만 귀국 후에도 당신의 체면이 서게 되어요. 당신이 고생스럽고 일이 대로 되지 않아서 돌아온 것이라고 생각하기 쉬우니까요. 또 귀국하기로 결정한다 하더라도 몇 개월의 준비기간이 있어야 하니까요. 일생을 통해서 얻기 어려운 기회를 그대로 지나쳐 버리기엔 너무 허무한 생각이 드는군요.

저는 가능한 한 당신이 도미한 목적을 달성하기를 바라지만 상황이 점점 귀국해야 하는 쪽으로 흘러도 아버님께 원만한 다짐을 받아두세요. 아버님이 진정으로 단대에서 당신의 위치를 인식하실 때까지 귀국하지 말라는 거예요. 돌아오겠다는 생각은 절대로 하지 마세요. 전부가 당신의 귀국을 바라는 것은 아니라는 것도 참고하세요.

여보, 만날 때까지 안녕. 또 쓰겠어요.

당신의 동순

1963년 12월 2일 10시

당신 곁에 갈 수 있다는 희망으로

여보, 보고 싶어요

26일에 당신의 정성어린 편지를 받았어요. 도미 수속하는 것까지 자세히 적어주셔서 잘 이해했어요. 여기서도 여러 분한테 문의해서 될 수 있는 대로 빠른 길을 정해서 수속을 밟을 테니 염려 마세요. 당신이 말한 대로 첫 번째 초청장을 받았고 그 이튿날 두 번째 것을 받았어요. 초청장을 받은 이튿날 박OO 선생께 보였더니 이튿날 신원증명용지를 갖다 주었어요. 그래서 내일은 서류를 다 갖추어 문교부에 제출할 거예요.

비록 멀리멀리 떨어져서 산다 해도 당신의 지극한 사랑은 항상 제 곁에 있고, 머지않아 당신 곁에 갈 수 있다는 희망과 기쁨으로 만족한 생활을 할 수 있어요. 그러나 여러 가지 난관이 가로놓여 있으니 걱정이 되는군요. 우선 아버님의 승낙을 얻어야 모든 면에서 적극적으로 생활할 수 있을 텐데 아직은 모든 것을 비밀로 해야겠어요. 선불리 덤비다가는 아버님의 역정만 살 것 같아요.

저도 상무 선생님께 가서 아버님께 은근히 권유하도록 말씀드릴 터이니 당신도 편지한 내용으로 상무께 편지 올리세요. 아버님께 먼저 그곳의 실정을 자세히 설명한 뒤 저를 데려가겠다고 해서 아버님 자신이 동의하도록 했으면 좋았을 텐데. 아버님은 그곳에 대해 아는 것이 없고 주위 사람들은 잘 알고 있으니, 아버님 자신이 아무것도 모르고 계신 데 대한 노여움이 더 클 줄 알아요.

그리고 아버님께 3년 후에는 꼭 반드시 귀국하겠다고 여쭈어요. 아버님은 당신이 아내를 데려가면 혹시 한국에 돌아오지 않고 저희끼리만 잘살려고 하는 것이 아닐까 해서 더 화를 내시는 것 같아요.

당신이 보낸 어머님의 편지를 드렸더니 퍽 기뻐하세요. 어머님께서는 제가 가는 것에 대해서 대찬성이세요. 어머님께도 따로 자주 편지 드리고 아버님께도 속히 편지하세요. 그리고 방OO 선생님께 오토바이 얘기를 드렸더니 굉장히 염려하시면서 될 수 있는 대로 노력해 아버님께 말씀드리겠다고 하시더군요.

비행기값 500달러를 보냈다니 당신은 무엇으로 생활하실지 걱정이에요. 당신이 정말 그렇게 고생을 하면서도 이러한 큰 영광을 베풀어주는 것을 생각하니 가슴이 아파요. 아무튼 어떠한 난관이 있더라도 꼭 당신 곁에 갈 테니 당신은 조급히 굴지 말고 기다려주세요. 박 선생님은 수속하는 데 한 달도 안 걸린다고 자신하고 계시더군요. 박 선생님 말대로 12월 초순이라도 갈 수 있을 것 같군요. 그러나 그 외의 일도 예상하고 있어야 하지 않을까요.

여보, 보고 싶어요. 안녕.

동순 올림

1963년 12월 27일

이제부터 당신을 맞이할 준비를 하겠어요

정월 초하루에요

먼저 편지했듯이 크리스마스 때 보낸 큰 그림책까지 세 번 소포를 받았어요. 애들은 좋아서 매일 그 책을 보곤 하죠. 카드도 고마워요. 그리고 카드 속에 보내준 사랑의 선물은 더욱 고마워요. 마음이 괴로울 때, 당신이 보고 싶을 때 당신의 사랑의 선물을 읽으면 무언가 가슴 속에 흐뭇한 감정이 가득 차서 괴로움을 쫓아버리죠.

텔레비전은 팔지 않았어요. 큰 물건은 팔지 않고 작은 물건을 팔았고, 2만 8,000원 하던 100달러는 도미가 불가능해지고 돈도 갚아야 해서 2만 9,000원을 받아 6,000원은 목사에게 갚았어요. 그동안 아버님의 생활비와 내 봉급으로 꾸려나가다가 한 달에 2,000~3,000원씩 부족분을 여기에서 충당해왔어요. 이모가 학교 황 씨에게 준 2만 원 중 1만 원을 받아달라기에 1만 원은 여기에서 주려고 해요.

이달에도 12월 25일부터 학교 봉급이 7,400원(당신 것 포함)이고,

경기대학에서 1,200원 나올 예정이에요. 아버님은 1만 2,000원을 생활비로 잡고 부족한 3,400원만 보태주시겠다고 합니다. 그러나 7,400원 중 쌀 한 가마니와 연탄 300장을 사고 경기대학 가정과장, 부학장, 민OO 선생님 선물에 1,200여 원 쓰고 애들 병원비니 부식대, 교통비 등에 쓰니 1,000원도 남지 않았어요. 골치 아픈 얘기는 그만둡시다.

그러나 생활비 걱정은 말아요. 송금도 하지 말아요. 그런 여유가 있으면 올 때 선물도 좋지만 달러로 가지고 오면 더 좋지 않겠어요? 1월 1일부터 180대 1이라는군요. 이왕 귀국하려면 1월 말경에는 도착하도록 하세요. 빨리 보고파요.

송금을 하지 않아도 된다면 다행이지만 배로 오면 고생스럽고 시일이 오래 걸려서 어떻게 하나요.

여기 송금되어 있는 것을, 아버님은 모르실지 모르지만, 최OO 선생은 알고 계셔요. 제가 송금하는 문제를 최 선생에게 알아봐 달라고 부탁했으니까요. 그러나 당신이 송금하라고 했다는 얘기는 안 했어요. 내가 도미하지 않으면 송금해주어야 하지 않겠느냐구 하면서 부탁했어요. 그러니 최 선생에게 2만 원 갚는 것은 당신이 송금해온 것처럼 하고 갚겠으니 안심해요. 최 선생이나 아버님께도 송금했다는 편지를 하세요. 이곳 분들은 당신이 나오려고 결정했어도 돈이 없어서 나오기 힘들지 않겠느냐고 염려하고 있어요.

정월 초하루에요. 내수동에서 아이들과 함께 떡국을 먹고 돌아왔어요. 명애 엄마와 박 선생님도 아버님께 세배하러 왔어요. 이제부터는 도미하려고 준비했던 것과 반대로 당신을 맞이할 준비를 하겠어요. 꼭 개학 전에 돌아오세요. 당신은 어머님과 구경 가라고 하지만 당신이 올 때까지는 보류하고 있겠어요. 근신해야지요.

매일 한 장씩 편지 부탁해요. 안녕.

새해엔 놀라운 행운이 있기를!

1964년 1월 1일 7시

당신의 구두를 맞춰놓을게요

사랑하는 당신에게!

오늘은 큰일을 하나 하고 당신에게 펜을 들었어요. 다름이 아니라 당신에게서 송금되어온 것처럼 해서 아버님께 1만 2,970원(30원은 수수료)을 가지고 가서 당신이 최OO 선생 빚을 갚으라고 보냈다고 내놓았어요. 아버님이 기뻐하셨어요. 그리고 당신이 아버님 편지를 받았다는 것과 도미 문제로 아버님을 상심시켜드려서 죄송하다는 편지를 보냈다고 말씀드렸어요. 이곳 어머니께서도 크게 기뻐하셨고 내수동 어머니도 기뻐하셨어요.

아버님은 즉시 최 선생을 전화로 부르시더군요. 저는 아주머니 댁에 들러 어머니 약(혈압)을 사가지고 돌아와 어머니를 집 근처 병원에 모시고 갔어요. 어머니 혈압을 재어보았더니 160에 80이라고 하며 조금 높을 뿐이라고 해요. 며칠 약을 잡수시면 된다고 합니다.

용우는 올해 다시 대학 입학시험을 쳐요. 서울대학 기계공학과죠. 바로 오늘 필기시험을 치르고 왔어요. 올해는 꼭 붙어야 하는데.

최 선생이 내수동에 가서 1만 원을 받고, 여기 오셔서 당신 얘기를 하며 보내주어서 고맙다고 했어요. 그리고 이렇게 공정환율로 하면 손해니까 귀국할 때 가지고 나오시라고 하대요. 그리고 2만 원은 가실 때 드린 셈치고 안 받겠다고 고집하셨어요.

28일자의 편지와 사진, 반갑게 받았어요. 물가가 굉장히 비싸군요. 구두는 염려 마세요. 곧 칠성에 가서 당신 사이즈가 있나 알아봐서 맞춰놓겠어요. 당신이 재어놓은 것이 없으면 여기 있는 헌 구두를 가져다 해야겠죠? 그러면 선편으로 부친 구두와 스키복, 책, 스웨터 등은 아직 찾지 못했나요? 알려주세요.

참고로 전하겠어요. 현 학장이 대법관에 컴백할 징조가 보인다는군요. 자세한 것은 최 선생님이 하시겠지만 그렇게 되면 당신의 귀국 문제가 더 절박해지겠지요. 박OO 선생님도 며칠 전에 만났는데 단대를 위해서 손잡고 일할 사람을 잘 알고 있다고 좋은 기회라고 하며 당신이 빨리 귀국하기를 무척 바라고 있더군요.

요새는 아주머니와의 사이가 원만해진 셈이에요. 그런데 저를 만날 때마다 대의는 없다고 생각은 드나, 당신에게 빨리 귀국하라는 편지를 하라고 여러 번 말하더군요. 참고로 얘기하는 거예요. 이런 말을 해서 당신을 다시 혼란시키고 싶지는 않아요. 그러나 6월

내지 8월에는 꼭 귀국하기를 희망하며 그래야 될 줄 알아요. 당신의 편지 고마워요.

그러면 안녕. 사랑해요.

당신의 동순

1964년 1월 3일

속바지는 곧 보내겠어요

사랑하는 당신에게

2, 3일 동안이라도 당신의 편지가 오지 않으면 무언가 공허한 마음에 초조히 당신의 편지를 기다리다 당신의 훌륭한 편지를 받으면 여간 기쁘지 않군요. 비록 멀리 떨어져 있어서 쓸쓸하고 고독을 느끼나 당신의 따뜻한 사랑을 직접 느낄 수 있으니 행복하다는 것을 체감하며 살아가요. 날이 갈수록 당신이 더 보고 싶어지는 것은 어쩔 수 없어요.

8월이 눈 깜짝할 사이에 지나가 버리면 좋겠어요. 학장님 아들이 당신과 같이 거처한다면 서로 친구가 되어 의지하고 살 수 있으니 다행이군요. 오늘은 일요일인데 아버님이 호성이, 어머니 다 들어오라고 하셔서 갔더니 별말씀 없으시고 내가 미국에 가지 않겠다고 했기 때문에 기쁘다고 하셔요. 기분이 아주 좋으셔서 이런저런 말씀을 하셨어요. 그리고 당신 친구나 당신 측 사람으로서 가장 꾸밈이 없고 믿을 사람은 지OO 선생님 한 분뿐이고, 최OO 선생도 나쁘다고 평을 하시더군요. 사실 그분들을 너무 근시안적으로 관찰하신 것 같아요.

이제 아이들은 개학이 되어 학교에 나가고 있어요. 혜림이가 보고 싶다고요? 그럴 거예요. 저도 혜림이가 제일 예쁜 걸요. 요새는 전보다 예뻐졌어요. 재롱도 피우고.

이제 대학 개강도 얼마 남지 않았는데 공부가 잘 되지 않으니 아주 고민이에요. 책을 읽어도 글씨만 보이지 생각은 딴 데 가 있어요. 당신 생각이죠.

여기 분위기가 점점 혼란해지는 것이 하루하루가 달라지고 있어요. 이달에도 아버님은 1만 2,000원을 주실 텐데, 당신에게서 온 3,000원도 생활비로 계산하고 계시기 때문에 더 큰일이에요. 당신이 떠난 후엔 아직까지 아이들 옷도 한 벌 못 사줬어요. 호성이 작업복 바지 하나와 계숙이 구두를 처음 당신이 부쳐준 돈에서 사왔더니 계숙이는 좋아서 어쩔 줄 몰라 해요.

하도 물가가 올라서 생활비로는 항상 적자예요. 그래서 지난 그믐에 돈이 모자라서 아버님께 미리 생활비를 달랬다가 꾸중만 들었어요. 여보, 당신은 멀리 미국에서도 가계에 대한 관심이라든가 아버지의 의무만은 잊지 않고 계숙이 유치원 보낼 것까지 생각하고 계시군요. 그러니까 저도 작은 괴로움은 참고 당신과의 재회만을 희망으로 삼고 살 수 있어요. 요새 삼선유치원에서 입원서류와 입원하라는 편지가 왔었는데 계숙이도 유치원에 보내달라고 하는군요. 그러나 아직 여섯 살이니 내년으로 미룰 수밖에 없을 것 같아요. 내달에는 호성이와 계림이를 지도해줄 여고생을 시간제로 둘 작정이에요.

그러면 안녕. 몸조심하세요. "사랑해요!" (속바지는 곧 보내겠어요.)

당신의 동순

1964년 1월 9일

학교 정세가 점점 혼란스러워져요

유일의 당신에게!

날이 갈수록 더 그리워지고 몹시 보고 싶어지는 요즈음. 어찌할 바를 모르게 내 마음은 혼란하구려. 물론 나보다 당신이 더 갈피를 잡지 못하고 있을 거예요. 여러 사람한테서 귀국해야 된다는 서신을 받았고 아버님으로부터도 받았고 최근에는 나한테서도 귀국해야 된다는 편지를 받았는데, 다시 8월에 귀국하라는 아버님의 말씀을 들으니 나도 당신도 큰 혼란을 받고 곤혹스러울 수밖에요.

그러나 시종 최OO, 박OO, 지OO 선생님은 될 수 있으면 빨리 당신이 귀국할 것을 주장하고 있어요. 아버님은 학교의 모든 것을 다 알지 못하고 계시기 때문에 학교에 대해 자신하시고 계시다는 거죠. 8월에 귀국하라는 말씀을 듣고 아버님께 내가 도미하여 8월에 당신과 함께 귀국하겠다고 하니까, 여러 분들이 8월 귀국을 믿을 수 없다면서 이제 당신이 귀국하지 않으면 안 된다는 거예요. 김OO 씨는 며칠 전에 와서 당신이 귀국하지 않으면 단대를 그만두겠다는군요. 저는 지금 이러지도 저러지도 못하고 있어요. 모두 운명에 맡겨야겠죠.

요즈음은 스케이트도 타기 어렵게 푸근한 날씨가 계속되고, 어제오늘은 처량히 비가 내리고 있어요.

4년 전 폐과되었던 두 과가 다시 복구될 모양이에요. 화공과와 또 한 과를 살릴 수 있는데 내막은 잘 몰라도 어처구니없는 일이 있는 모양이에요. 어떻든 모든 것을 신중히 생각해서 아버님과 잘 화합해서 행동을 취하도록 하세요.

안녕. (제 편지는 전부 불태우세요.)

동순 올림

1964년 1월 12일

편지로 세배를 대신하며

그리운 당신에게

설날 새벽이에요. 새해 인사드리죠. 한남동에 제사 올리러 가는 준비를 다 마치고 아직 밖이 캄캄해서 잠깐 펜을 들어 당신께 음력설 세배를 드립니다. 요사이 건강은 어떠한지?

어제는 박 이사장님 생신이어서 한국회관에 가서 생신을 지냈지요. 마침 그 방이 당신 도미 환송회를 하던 방이어서 어쩐지 마음이 더 무거웠어요. 용우는 서울대학 공업교육과에 입학이 되었어요. 아주머니나 용우나 모두 좋아했죠. 생신축하 겸 입학축하 겸 신년하례까지 올린 셈이에요.

한남동에서 제를 올리고 또 경기대학에 나가야 해요. 왜냐하면 오늘이 설날이라고 교직원을 초대해 학교에서 떡국을 끓여 한 그릇씩 주는데 그 일을 가정과에서 해요. 창밖이 차차 훤해지니 떠나야겠어요. 밤에 또 쓰겠어요. 안녕.

경기대학에서 교직원 50~60명을 초청해 간단히 떡국만 끓여주고 가정과 과장, 엄OO 선생님이 우리 집에 와서 즐겁게 놀다 지금 막 돌아갔어요. 그리고 기쁜 것은 당신의 7일자 편지를 받았어요. 배편으로 보낸 짐도 받았다니 천만다행이에요. 스킨은 부쳤는지 안 부쳤는지 저도 잘 모르겠으나 다음 편지에서 곧 알려드리죠.

이제껏 당신의 사랑을 부정한 적은 없지만 멀리 떨어진 지금은 당신의 사랑을 더 깊이 감촉하고 당신의 참된 애정에 감사하고 있어요. 지나간 일들은 모두 즐거웠어요.

그러면 구두는 그만두고 속바지는 곧 보내드릴게요. 필요한 것이 있으면 말하세요. 속바지 부칠 때 김도 보내지요. 저는 당신의 귀국을 손꼽아 기다립니다. 나날이 몸이 쇠약해져가면 어쩌겠수. 건강에 유의하세요. 건강 다음에 성공이 아니겠수.

자주 편지 할게요. 안녕.

당신의 동순

1964년 1월 13일 밤

• 추신

겨울에도 그렇게 따뜻하더니 3, 4일에 연일 진눈개비가 내리고 11일부터 오늘까지 영하 14도로 이상기온이네요.

호성, 계림이와 스케이트를 탔어요

사랑하는 당신에게!

다시 날씨가 따뜻해졌어요. 개강도 얼마 남지 않았어요. 공부를 하려고 노력하고 있는데 마음이 들뜬 듯 머리에 잘 안 들어가 골치예요. 1월 10일의 당신 편지를 받고 펜을 들었어요. 당신의 편지를 받는 것이 내 생활에서 가장 즐거운 일이에요. 이런 즐거움마저 없다면 저의 생활은 정말 비참할 거예요.

경기대학에는 봄에도 계속 나갑니다. 경기대학은 지금 운영난이기 때문에 전임을 쓰는 것은 생각도 않고 있어 계속 강사로 나갈 것이고, 단대는 가정과는 아주 없어졌어요. 아버님은 내가 직장에 나가는 것을 또 반대하실지도 몰라요. 그러나 나쁜 일이 아닌 이상 당신 뜻대로 나가겠어요.

그동안 며칠 심한 추위에 창경원 연못도 얼어서 스케이트장을 개장했고 작년에 우리가 탔던 스케이트장이 개장해서 오늘 호성, 계림이를 데리고 미아리로 가 스케이트를 태우고 왔지요. 오후가 되니 조금씩 녹으려고 하더군요. 파랗게 나온 보리 싹이 얼어버렸다고 신문에 나왔더군요.

당신의 영주권이 나온다면 얼마나 기쁘겠어요. 미국에 가고 싶을 때 언제든지 갈 수도 있고. 영주권이 나온다면 그처럼 기쁜 일이 어디 있겠어요. 그러나 영주권은 하늘의 별따기보다 더 어렵다고 들었어요. 영주권이 나오면 그것은 당신의 활동력이 그만큼 왕성하다는 것을 말해주는 거예요. 아직 이 문제는 비밀로 하고 있어요. 아무에게도 말하지 않고 있어요. 완전히 성공하면 자랑해야지요.

당신이 떠난 지 벌써 만 5개월이 되어오는군요. 이 편지를 받았을 땐 5개월이 지났을 때겠죠. 공허한 가운데 하루하루 지난 것이 150일이니, 다시 150일을 헤아려 나가면 당신을 만나겠지요. 꾹 참고 견디겠어요.

보고 싶어요. 안녕.

당신의 아내

1964년 1월 15일 일요일

당신은 내 꿈을 꾸나요?

사랑하는 당신에게

당신을 또 울릴 편지를 써야 하니 내 손이나 내 마음이 무겁기 짝이 없어요. 당신이 나를 미국에 데려갈 희망은 이제 완전히 포기하지 않으면 안 되어요. 나도 도미를 포기하지 않으면 안 되어요. 아주머니께 보낸 편지로 아버님의 노여움은 또 폭발되었고, 오늘 불려가서 기합받고 절대 미국에 가지 않겠다고 말씀드려 노여움이 조금 풀리신 듯해요. 당신과 나의 꿈은 일단 접어야 해요. 아버님이 생존해 계신 이상, 우리가 져야 하고 아버님께 양보하고 살지 않으면 안 된다는 것을 다시금 깨달았어요. 저도 일단 단념하고 나니 마음이 가볍군요.

단지 당신의 노력이 헛되고 그 편지로 말미암아 신용이 떨어진 듯하니 도리어 내가 미안해요. 오직 당신의 일에 열중하기 바래요. 태호 어머니께 보낸 편지는 전하지 않겠어요. 그리고 아버님께 보낸 편지도 전하지 않도록 하겠어요. 실현될 수 없는 꿈을 꾸고 있었나 봐요. 당신의 편지를 읽을 때마다 당신의 지극한 사랑에 감사하여 기쁨의 눈물을 흘려요. 비록 몸은 멀리 떨어져 있다 해도 사랑을 가까이 느끼며 살아가고 있어요.

그리고 열이 많이 오르고 몸이 아프다니 정말 걱정이 되어 못 살겠군요. 객지에서 얼마나 외롭겠수. 빨리 회복되기를 진심으로 빌겠어요. 저는 거의 매일 당신 꿈을 꾸어요. 당신이 집안에 있는 꿈, 집으로 들어오는 꿈. 그런데 당신은 항상 검은 양복을 입고 있어요. 검은 옷은 귀인이라는데. 매일 당신 생각을 하고 있으니 꿈에 보이는가 봐요. 당신은 내 꿈을 꾸나요?

당신이 귀국하면 어느 누구보다도 행복하게 살 수 있어요. 그렇죠? 여름까지 참고 당신의 귀국을 손꼽아 기다리겠어요. 현 사태로는 당신이 미국에 오래 있을 수 없을 거예요. 아버님이 또 부르시면 곧 나오도록 하세요. 요사이는 어머니께서 어지러우시다고 며칠째 누워계셔요. 범성이네에 계시죠. 그리고 형님께도 편지 좀 하세요.

내 편지로 당신을 울려서 정말 미안해요. 다시는 당신을 괴롭히지 않을게요.

당신의 아내 씀

1964년 1월 17일

• 추신

8시까지 이 편지를 쓰고 8시 반에(지금) 아주머니께 전화를 했어요. 당신이 아버님께 보낸 편지가 내일쯤 도착하는데 그 편지를 아버님께 보이지 말아 달라고 했더니, 말을 다 하기도 전에 벌써 아버님이 그 편지를 보시고 저를 미국에 보내야겠다고 말씀하시더래요. 그래서 홧김에 하시는 말씀이 아니냐고 반문하니까 화가 나셔서 그런 것이 아니라 아버님은 나의 진심을 떠보려고 하시는 거라고 해요.

아버님이 편지를 보시고 최OO 선생을 불러서 여러 가지 말씀을 하셨는데, 골자는 학교를 인계하려고 하는데 우리가 아버님의 마음을 몰라준다고 하신대요. 저는 결코 떠날 수 없는 몸이에요. 그것이 곧 당신을 위하는 길이란 것을 깨달았으니 저도, 당신도 도미하는 것을 포기해야 합니다.

최 선생이 내수동에서 직접 여기 오셔서 이야기하시다가 지금 돌아가셨어요. 8월에 당신이 귀국하면 지OO 선생님은 도미를 2, 3년 중단하겠대요. 여보, 8월에는 꼭 오시겠죠? 기다리겠어요. 그리고 자주 편지할게요. 네?

편지로 위안받으며 살겠어요

여보 빨리 오세요

사흘 동안 계속해서 당신의 편지를 받으니 기쁘기 그지없어요. 그러나 우리의 염원인 미국에서의 상봉이 이루어지지 못하고 당신의 노력이 보람 없이 좌절되고 나니 정말 미안한 마음을 금할 수 없어요.

아버님이 나를 보내지 않는 이유야 많겠으나 주요 목적은 학교를 계승시키려는 것이에요. 그러한 목표를 세우고 계신데 우리가 거기에 따르려 하지 않고 엉뚱한 방향으로 간다는 거죠.

내가 미국에 가지 않겠다니까 아버님도 좋아하시지만 최OO 선생님이 퍽 안심한 모양이에요. 당신과 내가 아무리 도미할 마음이 굳더라도 아버님의 고집과 힘 앞에서는 호랑이 앞의 쥐예요. 더구나 내가 주저한 것은 아버님도 쇠약해지셨지만 어머님도 어지러우셔서 병원 약을 잡숫고 누워 계시기 때문이에요. 이런 상황에서는 떠날 용기가 조금도 나지 않아요.

송금하지 않고 비행기 표를 보냈다고 한 것은 잘하셨어요. 만일 당신이 비행기값을 보냈다면 추궁하시고 달라고 하실 거예요. 제가 가산을 정리한 것을 아시고 지난번에 추궁하시기에 호성 아빠가 하라는 대로 했고, 또 판 거래야 재봉틀하고 몇 가지 안 된다고 하니 가만히 계시더군요. 물건 판 돈으로 막 써서 낭비할까 봐 그러시는 모양이죠. 요강이나 재떨이를 팔아도 애비 돈이라고 하시면서요. 책, 전축, 텔레비전, 병풍, 반지 등 다 그대로 있고 잔 물건만 팔았을 뿐이에요.

그리고 비행기값 송금한 것은 보관하고 있으니 안심하세요. 그런데 이것을 조금 활용하면 좋겠어요. 어머니께서 지금 일수를 하시는데 이자는 한 달에 1할 5부 정도예요. 돈이 모자라서 일수를 더 놓지 못하는 어머니께 조금씩 드려서 저는 5부를 받아서 생활비에 보태거나 저금하고 그 외 1할 정도는 어머니 생활비로 보태드리면 어떨지? 당신의 회답이 오기 전에는 절대 사용하지 않겠어요. 그리고 당신의 용도가 따로 있다면 당신 의견대로 하세요.

송자도 무사히 졸업하고 자기 집으로 갔어요. 다 당신 덕이에요. 어제는 할머니 생신이라 180원 주고 내복 한 벌을 사다드렸더니 굉장히 좋아하시면서 호성 애비는 언제 오느냐고 물으면서 첩을 얻어올까 무섭다나요. 빨리 왔으면 좋겠대요.

여보, 이제부터는 오직 당신의 편지로 위안받으며 살겠어요.

자주 편지하세요.

당신의 동순

1964년 1월 19일 오전 10시

어제 밤에 당신 꿈을 꾸었어요

사랑하는 당신에게

날이 갈수록 그리움에 애달파지는 마음 간절하고, 당신이 내 곁에 없는 사실이 원망스럽고, 내가 당신 곁에 갈 수 없고 당신이 내 곁에 쉽사리 올 수 없는 것이 무한히 한스럽소이다. 이것은 결혼생활 10년 만에 처음 겪는 시련이라 더 괴로운 줄 압니다. 오늘따라 더 당신이 그리워 못 견디겠군요.

이번 학기 끝나면 꼭 나오시겠죠? 그 희망으로 살겠어요. 8월에 온다 해도 너무나 긴 세월 같군요. 요사이는 어떻게 지내는지, 직장에는 잘 나가고 있는지, 몸은 건강한지, 모든 것이 궁금하군요. 아버님의 고집과 괴벽, 젊은이를 이해할 줄 모르시는 그 억센 성격 앞에 능력 없는 제가 어쩔 도리가 없군요. 제가 용기가 없어서일까요. 이것이 운명이라는 것이겠죠.

이제 막 당신의 16일자 편지를 받고 글을 씁니다. 박OO, 최OO, 김OO 선생님은 너무 예민하게 관찰하기 때문에 일방적인지도 몰라요. 아버님이 귀국하라고 할 때까지 당신은 당신의 앞날을 위해 힘껏 일하세요. 지OO 선생님은 당신이 8월에 꼭 나온다면 유학을 보류하고 당신과 같이 학교 일을 보고, 만일 8월에도 귀국하지 않으면 유학을 가겠다고 하시는군요.

여름방학에는 본관에 부학장실을 꾸며놓고 당신이 귀국하는 즉시 집무하도록 해야 된다고 해요.

일요일 최OO 선생 사모님이 오셔서 부득부득 극장에 가자고 해 오래간만에 '예기치 못한 일'을 보았어요. 당신 생각이 나서 더 괴롭더군요. 애들은 가끔 감기는 들지만 건강한 편이죠. 호성이는 방학에는 과외공부를 시키고 있어요. 당신이 계셨다면 미국 학교에도 보냈을 텐데.

개학하면 계림이도 과외공부를 시켜야겠어요. 계림이가 2학기 되어서는 성적이 퍽 나아졌어요. 평균 93점이었어요.

어제 밤에 당신 꿈을 꾸었어요. 당신과 같이 누워 있는 꿈이었어요.

당신의 동순

1964년 1월 21일

당신의 건강이 무척 염려되어요

그리운 당신에게

12일자 편지를 반갑게 받았어요. 당신의 편지는 나의 정신의 양식이며, 양식이 끊어지면 희망이 끊어지듯 절망을 느껴요. 하루걸러서 한 번씩 저도 편지하겠어요.

내가 당신을 그리워하느냐고요. 단지 그리워한다고 대답하기엔 너무 무의미해요. 그리워, 그리워 몸부림칠 지경이라고 대답하겠어요. 같이 있을 때 미처 알지 못했던 당신과 즐거웠던 일이며 당신의 좋은 점이 자꾸 추억되어요. 변함없는 당신의 사랑에 감사하며 홀로 행복감에 젖곤 하죠. 당신의 편지를 읽을 때마다 더욱 그러한 감정에 사로잡혀 있지요.

당신의 편지를 통해 당신의 일이 너무 과중하다는 것을 느꼈어요. 회사에 나가랴, 이민국 통역을 하랴, 야간에는 학교에 나가랴 정말 당신의 건강이 무척 염려되어요. 부디 몸조심해서 일하기 바랍니다. 객지에서 병이라도 나면 어쩌겠수.

계림이, 호성이 과외공부는 지도해줄 선생을 구해놓았어요. 경기대학 가정과 과장께 그런 말을 심심풀이로 했더니 자기 딸을 시켜달라고 보냈더군요. 그 학생은 창덕여고를 졸업하고 이번에 서울대 가정과에 응시했다가 낙방했으나 공부는 반에서 2, 3등 한 학생이에요. 집이 가까워서 다행이라고 할까.

선편으로 보낼 때 스킨을 같이 보냈어요. 장롱 안을 뒤져보아도 없고 기억해보니 보낸 생각이 나요. 소포 보내는 것을 신중히 해서 보내주기 바래요. 애들이 무척 기뻐할 거예요. 속바지는 시중에 나가서 사려고 했더니 철이 아닌 옷이라 전혀 나오지 않았고, 감을 떠다 집에서 만들려고 해도 재봉틀이 없어서, 상점에 가서 만들어서 갖다 놓으라고 부탁하고 왔어요.

부디 몸조심하세요.

당신의 동순

1964년 2월 19일

혜림이는 말이 조금 더뎌도 노래를 잘해요

사랑하는 당신에게!

2월 14일자 편지를 받고 펜을 들었어요. 착각해서 2월을 1월로 쓴 것 같은데, 하나뿐이 아니고 전부 그렇게 쓴 것 같구려. 그 생각을 하니 절로 웃음이 나와요. 정신을 전부 당신에게 빼앗겼기 때문이에요.

서방질을 안 하느냐고요? 서방질은 취미 없어요. 절대로 흥미도 없고요. 당신과 멋진 연애를 하고 있는데 그럴 여유가 없어요. 10년을 기다리겠느냐고요? 5년을 독수공방하고 기다리려 했는데 지금은 마음이 변해서 1년밖에는 공방살이를 할 수 없으니 그런 줄 아세요.

학생들 학점 문제로 오늘 학교에 나갔었죠. 민OO 선생님께 당신이 안부하더라고 말씀드렸어요. 가정과는 완전히 없어지고 관광과, 체육과는 1학년을 그대로 존속시켜 이어가기로 했고 가정과 학생들만 다른 학교로 편입시키고 있어요. 당신이 계셨더라면 가정과가 이렇게 폐과까지 되지는 않았을 것이라는 생각이 드는군요. 빨리 귀국해서 다시 복구시켜주기 바래요. 학생들에게도 미안한 마음 간절하고 민 선생님이나 조교들에게도 얼마나 죄송스러운지 몰라요.

어머님의 건강은 당신이 계실 때와 같고 아이들도 여전히 떠들고 놀고 별반 다른 것은 없어요. 당신에게서 편지라도 오면 '아버지한테서 편지 왔어' 하고 부지런히 가지고 오죠. 혜림이는 말이 좀 더딘 편인데 우스운 것은 몇 번 듣지 않은 노래라도, 가사는 혀가 돌지 않아 발음이 정확지 않아도, 음은 아주 잘 알아서 노래를 곧잘 해요. 어찌나 귀여운지 몰라요. 호성이, 계림이 성적은 24일, 26일에는 알 수 있어요. 호성이는 아마 성적이 떨어졌을 거예요. 애들 소식은 차차 쓰겠어요.

송금 문제는 잘 생각하셨어요. 우선 여비를 저축해놓으세요. 당신이 보낸 3,000원은 어머니 약 500원, 애들과의 약속대로 구두와 옷에 700원, 오늘 당신 여름 내복과 계림이 바지 사는 데 1,000원을 썼어요. 아버님께서는 당신이 보낸 3,000원도 생활비로 계산하시고 나머지만 주셨기 때문에 이달에는 1,000~2,000원 통장에서 찾아 쓰지 않으면 안 되겠군요. 그래서 박 이사장님 생일에 선물도 못했어요.

안녕, 또 쓰겠어요.

당신의 아내

1964년 2월 20일

• 추신

적지만 김 두 톳과 당신의 여름 내의 상하 한 벌을 보냅니다. 이 편지와 같이 부치나 이보다 2, 3일 늦을 것이에요. 김은 습기 있는 데 두지 마세요. 비닐 봉투에 넣어두면 되어요. 천호동 어머니께 어제 7,000원을 또 보내드렸어요. 자세한 사정은 차차 말씀드리겠어요. 안녕.

영주권을 받는다니 자랑스러워요

사랑하는 당신에게!

18일자 편지를 받았어요. 그렇게 얻기 힘든 영주권을 받게 되었다니 얼마나 기쁘고 자랑스러운지 몰라요. 군인으로는 절대 지원하지 마세요. 당신은 어디 가서나 신용을 얻고 활동을 하는군요. 영주권을 취득하는 일은 정말 쉬운 일이 아니라고 늘 들었어요. 정말 기분이 좋군요. 반가운 소식이에요. 그렇다고 미국에서 나를 잊어버리고 영주하면 못써요. 그렇게 되면 나도 미국에 갈 수 있으니까, 가서 죽어버릴 거예요. 우습죠?

어제는 단대 졸업식이었어요. 도서관 강당에서 식을 했는데 내외빈이 어찌나 많이 왔는지 식장에 들어온 사람은 밖에 서 있는 사람의 10분의 1도 못 되었어요. 층계, 운동장 가득 사람이 찼어요. 축사며 해서 장장 2시간이나 걸렸어요. 졸업생이 270명이나 되더군요. 지OO 선생, 최OO, 장OO 선생 등 모두 나왔는데 장 선생이 당신 주소를 묻기에 적어주었어요.

당신은 내가 고생한다고 걱정하지만 고생은 당신이 하고 있어요. 풍족하지는 않지만 그래도 아버님이 계셔서 이만큼 생활해나가고 있고 당신의 변함없는 애정이 뒷받침하고 있어 저는 든든해요. 생활비에 비해 우편료는 아주 적은 돈인 걸요. 하루걸러 당신의 편지를 받으니 저도 기뻐요.

인편에 요리책을 보내주신다고요? 고마워요. 꼭 보내주세요. 특히 그림이 많이 삽입된 책으로 보내주세요. 기대하겠어요. 당신이 간 뒤 요리 관련 양서를 한 권 사 보고 있어요.

부지런히 여비를 저축하세요. 그래야 오고 싶을 때 빨리 올 수 있지 않아요.

6, 7월에 가서 당신 마음이 변하지 않겠수? 꼭 변할 것만 같아요. 미국에서는 일요일에 우편배달이 없지만, 여기는 일요일에도 평일과 마찬가지로 아침저녁으로 배달하고 있어요. 오늘도 일요일인데 보통 때보다 조금 늦게 받았지요. 내일은 신문을 부쳐드리겠어요.

사랑해요. 영원히!

23일과 인연이 깊은 날, 동순

1964년 2월 23일

아이들은 열심히 공부하고 있어요

유일한 당신에게

오직 당신만이 나의 생활의 전부며, 당신의 사랑 없이는 하루도 살 수 없는 저예요. 당신의 사랑의 편지에 의지해 쓸쓸한 하루하루를 보내며, 재회만을 손꼽아 기다리고 있어요. 당신이 이틀마다 편지를 써서 부쳐도 두 통이 같이 들어오는 때도 있어요. 지난번에는 편지를 부친 그 즉시 두 통을 함께 받았어요. 얼마나 반가웠는지 몰라요.

요사이 건강은 어떠세요. 당신 건강에 대해 아버님이나 박 이사장님도 많이 염려하고 계세요. 용우에게 보낸 편지를 보고 아주머니는 고마워서 눈물이 나더라고 하시더군요.

아이들도 공부 열심히 하고 있어요. 과외공부도 매일 하고 있고 계림, 호성이에게는 공부를 많이 하면 10원씩 상금을 주기로 했더니 돈 받는 맛에 열심히 공부해요. 그런데 계림이는 돈을 받으면 주전부리하지 않고 꼭 학용품을 사고, 호성이는 과자를 사 먹어버리죠. 그래서 그 돈은 꼭 계란을 사 먹게 했어요. 당신이 아이들에게 그처럼 관심을 두는데 저도 관심을 두지 않을 수 없어요. 이번 학기에는 아이들이 좋은 성적을 올리도록 해야겠어요.

지난번에 집 얘기를 해서 공연히 걱정을 드린 것 같아요. 잘 해결될 것 같으니 염려 마세요. 여보, 보고 싶어요. 당신이 생각날 때마다 지난날의 당신 모습을 그리면서 당신 생각에 잠기곤 하죠. 여보, 또 쓰겠어요.

변함없는 사랑을 기대하며 이만 펜을 놓겠어요. 안녕!

당신의 동순, 꿈에서 또 만나요
1964년 3월 6일

버스를 타도 당신 생각뿐이에요

사랑하는 당신에게!

3월 9일에 부친 사진 잘 받아보았어요. 천연색 사진이라 아름답고 시원한 경관이더군요. 한국에서는 볼 수 없는 예쁜 꽃이 만개해 있더군요. 잘 보관해두겠어요.

이 집 주인은 지금 사랑채에 소아과를 시설해놓고 개업했는데 손님이 없는 편이지요. 저의 출입은 현관이 아닌 큰 문만을 이용하고 따로 독립되어 있기 때문에 당신 편지가 하루에 몇 통이 온다 해도 알 수도 없거니와 그들 부부도 2년간이나 남편이 석사학위 관계로 도미해 있던 분이라 이해할 거예요.

당신이 가신 후 생활비를 줄이기 위해 곧바로 월규는 이웃에 아이 보는 데로 보냈고, 옥분이는 시골에 갔다 오겠다고 해서 보냈어요. 그래서 다른 아이를 두었는데, 옥분이보다 훨씬 알뜰하고 똑똑해요. 그래서 한 달 후에 올라온 옥분이를 경기대학 과장(가정과) 댁에서 사람이 없어 쩔쩔매기에 소개해주어서 지금 잘 있어요. 토니도 당신이 떠난 후 곧 홍릉 이모 댁에 보내어 지금도 잘 있는가 봐요.

내일은 경기대학의 입학식이고 월요일부터는 정식 개강을 하게 되어요. 집에 있거나 길을 걷거나 버스를 타고 앉거나 저는 오직 당신 생각에 머리가 꽉 차 있어요. 집착이 너무 심한가 싶어서 좀 떼어버리고 싶을 만큼 끈덕지게 당신을 생각하게 되는군요. 6월경에는 꼭 귀국하도록 하세요. 날이 갈수록 못 견디게 당신이 그리워져요. 며칠 계속해서 매일 당신의 편지를 받는데 저는 이틀에 한 번씩 편지를 하니 미안하군요.

그리고 천호동 어머니께 드린 돈은 당신이 귀국하기 전에 회수하겠어요. 당신 말대로 이자는 받지 않고 있어요.

천연색 사진 두 장을 당신이 걸어놓은 사진틀에 끼워놓았더니 아주 보기 좋아요.

당신 건강에 유의하시기 바라며, 안녕.

1964년 3월 13일

동순

• 추신

적지만 김 두 톳과 당신의 여름 내의 상하 한 벌을 보냅니다. 이 편지와 같이 부치나 이보다 2, 3일 늦을 것이에요. 김은 습기 있는 데 두지 마세요. 비닐 봉투에 넣어두면 되어요. 천호동 어머니께 어제 7,000원을 또 보내드렸어요. 자세한 사정은 차차 말씀드리겠어요. 안녕.

일생 잊을 수 없는 당신의 추억

그리운 당신에게!

오늘은 월요일, 안방 어머니 생신날이었어요. 많이 차리지는 않았지만, 어제도 종일 일하고 늦게야 집에 돌아와 반갑게 당신의 편지를 읽고 당신의 편지를 쥔 채 지난날을 추억하며 잠이 들었어요. 오늘 새벽에는 일찍 내수동에 가려는데 전화가 걸려와 아버님이 편찮으셔서 의사가 다녀갔는데 차를 보낼 테니 빨리 준비하래서 어머님과 함께 일찍 들어갔어요.

아버님은 빨리 손을 써서 점심때는 거의 회복하셨어요. 혈압이 갑자기 높아졌었나 봐요. 연세가 많으시니 아버님 건강이 퍽 염려되는군요. 어제부터 때 아닌 눈이 내리기 시작하더니 오늘도 오다 말다 한 것이 20센티미터는 온 것 같아요. 오후엔 해가 뜨고 녹기 시작하니 길이 엉망이군요. 쏟아지는 눈 속을 바라보며 끊임없이 당신을 생각하며 하루를 보냈어요. 당신과 연애시절 눈이 오면 내 마음은 한층 센치해지고 자꾸 그리워지는 소녀의 심정처럼. 눈을 바라보면서 추억하며 벅찬 애정에 혼자 흐뭇한 마음이었어요.

제가 언젠가 당신에게 얘기한 적이 있었는데 절대 잊을 수 없는 일! 그것은 제가 서정리에 가 있었을 때예요. 비가 와서 땅이 몹시 진 날이었죠. 최 서방 집에 아파 누워 있을 때, 어둑할 무렵 싸리문을 열고 들어서는 당신의 모습을 보던 순간의 환희는 일생 잊을 수 없는 감격이었죠.

당신을 만난 날부터 나는 인생의 행복을 감촉하게 되었고, 당신이야말로 내 생명과 행복의 원천이에요. 당신은 내 과거나 현재를 진정 행복하게 해주었어요. 미래에도 행복으로 이끌어주길 바라며, 또 그러리라 확신합니다. 당신의 편지를 받을 때마다 무한한 행복에 젖어 잠시 고독을 잊어버리죠. 괴롭고 쓸쓸할 때는 단 한 사람, 당신이 나를 사랑하고 있다는 것으로 항상 위안을 받죠.

혜림이는 요새 말을 제법 할 뿐 아니라 언니들이 그리는 것을 보고는 사람 형상을 그려놓아서 나를 웃기곤 해요. 노래도 제법 잘 불러요. 얼룩소나 눈사람 노래는 물론 요새는 '노오란샤쓰의 사나이'도 잘 불러요. 건강하시기를 빌며. 이만 잠들겠어요. 안녕!

동순

1964년 3월 16일

어떠한 고난에도 울지 않아요

영원히 변치 말기를

오늘 개강이 되어 첫 강의를 마치고 홀가분한 마음으로 펜을 들었어요. 처음 교단에 섰을 때는 당황했지만 이젠 침착하게 수업할 수 있는 것이 나의 큰 발전이라 생각돼요. 5교시와 야간의 1교시를 마치고 마침 오늘이 내수동 고사 날이라 다시 내수동에 들러 떡을 가지고 왔죠.

어제도 때아닌 눈이 뿌리고 날씨도 제법 추웠는데 당신 계신 곳은 낮에는 여름처럼 덥다니, 이제 6월까지는 굉장히 더운 날씨가 되겠구려. 여기 추운 것만 생각하고 아직 덥지 않겠지 하고 있었는데 필요하다면 미제 나일론 바지를 부쳐드리겠어요. 회답이 오면 곧 부치도록 하겠어요. 그리고 동복은 선편으로 삼선동으로 부치세요.

3월 5일자 편지를 받고 이 글을 잇습니다. 거의 매일같이 귀중한 당신의 편지를 받으니 내 마음이 가벼워지고, 개강도 되니 차차 마음이 안정되는 듯해서 책도 보며 교안도 짜곤 해요. 자주 편지를 받을수록 당신이 내 곁에 가까이 있는 듯 가벼운 마음으로 일할 수가 있어요. 가만히 생각해보면 당신을 만난 후 지금까지 당신의 격려와 사랑에 의지하며 살아왔기에 갑자기 당신과 멀리 떨어져서 살게 된다는 것이 저에게는 너무 큰 타격이었죠.

그러나 남편의 출세가 곧 나의 출세이기에, 또한 막을 용기도 없었기에 때로는 태연한 척 마음의 준비를 단단히 했었어요. 어떠한 고난과 고독이 뼈를 깎아도 울지 않겠다고. 당신이 떠난 지 어제로 만 6개월이에요. 길고도 짧은 기간이었지만 나에게는 가장 고독한 나날이었고, 우리 생에 있어서는 재회한 후로의 결혼생활이나 사회생활에 커다란 힘이 되리라 확신해요.

환희도 눈물도 뒤섞인 6개월이건만 당신이 귀국할 때까지의 몇 개월은 지난 6개월보다 무척 길어 보여요. 아이들도 당신을 무척 기다려요. 며칠 전에 정OO가 전화를 걸어왔는데 당신이 도미했다는 것도 모르고 있더군요. 군대에 4년째 있대요.

영원히 변치 말기를. 안녕.

동순 씀

1964년 3월 20일 저녁

당신의 사랑을 진심으로 믿어요

유일한 당신에게!

당신의 편지 두 통을 받아서 반갑게 읽고 기쁜 소식을 가슴에 안은 채 학교에 나갔어요.

오늘은 이번 학기 들어 처음 실습시간인 동시에, 학교의 팸플릿에 넣기 위해 실습 장면을 찍는다나요. 그래서 고급요리를 만들어야 했기 때문에 학교에 일찍 나가 무사히 일을 끝내고 오후 8시 반에야 집으로 돌아왔어요. 도미튀김, 팔보채 등 중국요리를 했죠. 조리대 다섯 대에 학생은 50~60명이나 되니 굉장히 북적댔어요. 절반 이상 내 손을 거쳤지만, 다 손색없이 잘했어요. 이제 저녁을 끝내고 당신의 편지를 꺼내어 또 읽고는 펜을 들었어요.

고대하던 영주권이 나왔다니 저도 뛸 듯이 기뻐요. 그처럼 받기 힘든 것을 당신은 만 6개월 만에 취득했다니 당신의 활동력을 인정하리다. 수고하셨어요. 영주권을 얻기 위해 수고하신 분은 여러 분 계시겠지만 모두 당신만 하겠어요.

당신의 여름 바지와 함께 자개 상자를 하나 곧 부치겠어요. 내일이나 모래 안으로.

오늘은 4월 1일 만우절이에요. 오늘 학교에 나가 실습에 집중하다 보니 만우절인데도 아무도 속여보지 못하고 말았어요. 당신이 대창에 계실 때 내수동에서의 만우절 일 기억나세요? 저는 혼자 그때 생각을 하고 웃었어요. 지금도 여기 있다면 또 서로 속이고 속으며 한바탕 웃었을 것을!

내일 아침에는 내수동에 들어가요. 어제오늘 가뵙지 못했거든요. 지난 일요일에는 단대 가정과 선생님들 송별회가 있었어요. 젊은 교수들이 민OO 선생님과 두 조교와 나도 나오라고 해서 나갔었죠. 한일관에서 간단히 저녁을 들고 9시경에 헤어졌어요. 박OO 조교는 수도여자대학에서 두 강좌를 맡았고, 이OO 조교는 집에서 놀고 있어요. 민 선생님은 다시 가정과를 살렸으면 하시는데 가정과 비품을 판다는 말을(확실한 것은 아니지만) 하니까 퍽 실망하더군요. 학교에서 정말 팔려고 하는지 모르겠어요.

당신의 사랑을 믿지 않느냐구요. 아니, 이제 정말 진심으로 믿어 드려요. 당신을 생각할 때마다 행복을 느끼며 흐뭇한 감정에 빠져버려요. 중간시험이라 바쁜데도 편지를 꼭 해주니 고맙기도 하고 미안해요.

오늘 아침 박OO 선생한테서 전화가 왔는데 19대 1로 바꿔준다는데 어떻게 하겠냐고 해서 20대 1까지라면 바꿀 수 있을 것 같아 20대 1로 교섭해 연락 달라고 했어요. 그네들이 하는 케이스로는 19대 1을 넘지 않는다는군요. 좀 더 개인적으로 알아보았으면 했는데 쉽사리 되지 않는 모양이죠. 공부 열심히 하시고 좋은 성적 올리기 바라며 안녕. 12시군요. 또 자야죠.

읽느라 수고하셨수. 안녕!

동순

1964년 4월 1일

언제든 귀국할 수 있도록 대비하세요

유일한 나의 남편에게!

날씨가 제법 더워져서 옷도 한 겹 벗고 이부자리도 얇은 누비로 바꿔 덮었어요. 부채 신세질 날도 머지않았나 봐요. 당신은 시험 치르느라 얼마나 시달릴지. 오늘 김, 바지, 안경을 소포로 부쳤어요. 내일은 식목일이고 한식날이라 산소에 갈 거예요.

오늘 지OO 선생님과 최OO 선생님이 다녀가셨어요. 두 분 다 당신이 속히 돌아오는 것을 고대하고 있어요. 아버님께서 염려 없으니 6월에 학기를 끝내고 오라고 하셨다니 자식의 도리로 아버님의 여생을 편히, 또 옆에서 안심시켜드리는 것이 의무라고 말하세요. 편지할 때마다 아버님 건강에 대해 보고하겠고 지금 상태로는 안심해도 되겠으나 만일의 경우를 대비해서 귀국할 모든 준비를 하고 계시다가 즉시 떠날 수 있도록 하여야 되겠어요.

요사이 매일 학교에 나가고 계시지만 고령이시니 마음 놓을 수 없지 않겠어요? 당신의 귀국은 최 선생님만 서두르는 것이 아니라 아마 아버님의 건강을 염려하는 분들은 다 그렇게 말하고 있나 봐요. 그렇다고 당장 누워 계신 것은 아니지만, 단지 연령이 많으셔서 염려들 하고 있으니 언제든지 귀국할 수 있도록 대비하고 계셔요. 당신이 잘 판단해서 하시는데, 안방 어머니나 박 이사장님은 거기까지 생각하지 않는가 봐요.

오늘은 한식날이에요. 그런데 비가 굉장히 쏟아져서 남자분들만 산소에 가고 여자는 한 사람도 가지 않았어요. 아버님을 뵈었는데 전보다는 못하시지만, 특별히 아프시지는 않아서 좀 안심을 하고 당신에게 이 편지를 쓰는 거예요. 오늘도 박 이사장님과 저는 아주 친밀해져서 이야기를 했어요. 박 이사장님이 호성 아빠가 빨리 온다니까 안심이 된다면서 당신 친구들이 당신을 다 이용했고, 이용하려 들지만 지 선생님만은 당신을 위해 교무과장의 일을 열심히 진실하게 한다구 하셨어요. 믿을 사람은 지 선생 하나뿐이라구요.

아침부터 소나기처럼 퍼붓기 시작한 것이 지금까지도 주룩주룩 내립니다. 창으로 떨어지는 비 소리며 땅과 지붕을 두드리는 소리를 들으며 홀로 당신을 향해 펜을 들고 앉아 있으니 더욱 당신이 그리워집니다. 재회의 그날이 원망스럽도록 멀어 보이는구려.

저녁때 내수동에서 돌아와 31일자 편지를 반가이 받아보았어요. 지난 24일 신문과 25, 26일 신문을 함께 두 번에 보낸 것은 받아보았는지 꼭 회답해주어요. 코피가 쏟아지도록 밤을 새우며 공부한다니 걱정이 됩니다. 건강을 너무 소홀히 하지 마세요. 될 수 있는 대로 밥을 지어서 잡숫도록 하세요. 이번에 김을 부치고 나서 생각하니 김에 기름과 소금을 발라서 비닐종이에 싸서 보낼 것을 미처 생각지 못했구려.

안녕.

동순 올림

1964년 4월 5일

중간시험은 무사히 치렀나요

유일한 당신에게!

이 편지를 받을 때는 중간시험은 다 끝난 때일 거예요. 무사히 잘 치렀는지? 이틀이나 퍼붓던 비가 그치니 이제는 바람이 불고 어찌나 추워졌는지 다시 겨울이 오는 것 같아요. 오늘 야간 실습을 끝내고 오는데 너무 추워서 울고 싶은 정도예요. 이번 학기 첫 강사료를 받았어요. 4,800원인데 세금이 400원이라 4,400원을 받았죠.

이번 금요일에는 4년제 가정과 특강으로 조리실습을 하게 되었어요. 특강료를 받으면 어머니나 아이들을 데리고 구경이나 갈까요? 그런데 어찌된 건지 극장 구경에는 아주 무관심하고 흥미조차 없어졌으니 이상해요. 어제는 형님이 어머니 잡수라고 소고기를 사 가지고 학교 가는 길에 들르셨어요. 형님도 이제는 자식의 도리를 한다고 어머니가 퍽 기뻐하셔요. 아버님 간호하시느라 수고 많으시죠.

여보, 보고 싶어요. 이렇게 보고 싶고 그리워질 때면 지난날의 추억을 더듬으며 얼마고 우두커니 멍하니 앉아 있곤 해요. 학교에서 와서 9시에 저녁을 먹고 계속해서 여러 시간을 서 있기 때문에 다리가 무척 피로해요. 9시 40분. 학교 갔다 온 날은 영화를 보면서 순자보고 으레 밟아달라죠. 당신이 옆에 있으면 주물러달라고 귀찮게 했을 텐데…….

12시가 넘었군요. 또 당신 생각하면서 잠들 시간이에요. 그리고 꿈을 꾸죠. 당신과의 꿈을.

안녕.

1964년 4월 7일

동순

빨리 와서 여러 사람에게 행복을 주세요

사랑하는 당신에게

5일자 당신의 편지를 받았어요. 우리의 재회의 날이 하루하루 다가오는 것은 사실이지만 요사이는 더 시간이 느린 것 같아서 답답해요. 다정하게 행복을 감싸주던 당신이 그리워서 울적할 때면 당신에게 펜을 들고 지난날을 끝없이 회상해요.

오늘은 일요일이어서 계숙이를 데리고 아버님께 갔다 오후에 돌아왔어요. 조금 나으신 것 같았어요. 박 이사장님은 학교에서 학생들이 야외에 나가는 걸 따라가셨는데, 아버님이 갑갑하시다고 하셔서 마중 나갈 겸 3시경에 거기까지 나가 이사장님을 태워 오시다 삼선동 집에 잠깐 들러 안방 어머니만 보시고 가셨어요.

제가 다행으로 여기며 감사해야 할 일은, 직장에 나가면서 다소라도 고독과 공상에서 벗어날 수 있다는 것이죠. 매일 집안에서 할 일 없이 뒹군다면 더 괴로웠을 거예요. 학교에 나가서 학생들을 가르치는 일은 즐거운 일이에요. 당신이 아니면 아무도 나를 이끌어주지 못했으리라는 것을 잘 알기 때문에 저도 진심으로 감사하고 있어요.

당신의 월급이 세금을 제하고 350불이라니 정말 굉장하군요. 여기 돈으로 환산하면 정말 어마어마한 돈이지요. 홀아비 월급으로는 최상이죠. 빨리 여비를 저축해 날아와서 여러 사람에게 행복을 주세요.

만일 아버님께 편지를 할 때는 아버님의 병환에 대해서는 노골적으로 쓰지 마세요. 안부로 하세요. 왜냐하면 아버님이 당신의 병에 대해 많은 신경을 쓰고 계신 것 같으니까요.

누구에게나 편지를 쓰는 것은 많은 시간을 소요하게 되니까 저에게도 지장 없는 한에서 쓰셔도 좋아요. 당신의 공부나 일이나 수면 부족이 곧 건강을 해치기 때문에 나만의 욕심을 강요할 순 없어요.

안녕. 키스를 보냅니다.

당신의 동순

1964년 4월 14일

아버님은 많이 좋아지셨어요

사랑하는 유일한 당신에게

며칠 계속해서 보슬비가 내리고 있군요. 어제와 그저께 무사히 실습을 끝마치고 아버님께 들렀더니 생활비를 주셔서 타서 왔어요. 아버님은 이제 많이 좋아지셨다고 하시네요.

이달은 강사료 2,000원을 빼고 생활비 1만 2,000원 중에서 1만 원만 탔지요. 5월에는 4,800원만 받을 생각이었는데, 학교에서 생각해주어 6,000원을 줄 거예요. 내 힘으로 벌어서 아버님의 부담을 조금이라도 덜 수 있다는 것이 얼마나 즐거운지 몰라요. 학생들도 열심히 실습하기 때문에 재미있게 일하고 있어요.

지난번에 한 4년제 가정과 1학년 특강료를 받았는데, 과장의 주선이니 외면할 수 없어서 엄OO 선생님과 과장에게 극장 구경으로 한턱 쓰겠다고 약속했어요.

요사이는 건강이 좀 회복되었는지요. 당신이 떠난 후 곧 계림이의 무용발표회가 있었는데 의상비니 출연료 등을 지불하려면 1만여 원이 들겠기에 그만두게 했어요. 당신이 돌아오시면 계속 보내도 좋겠어요. 무용 선생은 저를 만나면 계림이를 자꾸 보내라고 해요. 그래서 당신이 돌아오면 보내겠다고 했어요. 과외공부도 여전히 계속하고 있는데 눈에 띄게 달라지지는 않았지만 전보다는 나아졌어요. 계숙이, 혜림이도 건강하게 잘 놀고 재롱을 떨지요. 혜림이는 노래를 썩 잘해요. 텔레비전에서 몇 번 나온 노래도 따라 하고 곧잘 불러요. 그리고 많이 컸어요.

정OO한테서 전화가 왔는데 입학허가서를 받았대요. 그래서 6월경에 떠날 것 같다고, 당신은 언제쯤 귀국하느냐고 물어요.

오늘 오전에는 겨울옷과 여름옷을 바꾸는데 당신의 스킨이 나왔어요. 부쳤다고 생각했는데 나왔으니 다행이에요. 당신 짐은 언제 부치겠수. 당신이 짐을 부쳐야 꼭 온다고 안심할 수 있어요. 당신이 더 오래 있을 것만 같은 걸요. 안녕.

아버님의 병환은 많이 나아지셨으니 걱정 마세요.

사랑해요. 동순

1964년 4월 15일 밤

몸살이 났어요

사랑하는 당신에게!

그간 소식을 전하지 못해 미안해요. 당신의 편지를 받은 지도 며칠이 지나서 서로 궁금했을 거예요.

화, 수 강의가 끝난 이튿날 엄OO 선생과 중앙우체국에서 만나 편지를 넣고 엄 선생은 당신을 위해 김을 부쳐드렸지요. 그리고 즉시 교주(校主)와 시장을 두루 다니며 대만 가실 준비로 양복, 원피스, 블라우스 등 여러 가지를 샀죠.

지난 주일부터 몸살이 났는데 몸조리를 잘 못해서인지 며칠간 죽도록 앓아 아버님이 지어주신 한약을 먹고 사흘간 병원을 가도 깨끗이 낫지 않았어요. 특히 오늘은 조리 특강을 맡았기 때문에 빈혈이 나는데도 진통제를 복용하고 무사히 끝내고 왔어요. 화요일(오늘)에 강의가 있으나 목요일로 미루고 하루 쉬려고 해요. 편지를 쓰는 동안에도 소름이 돋고 춥군요.

당신의 건강은 어떤지, 모두 당신이 없어서 내가 병이 났다고 놀

려대는군요. 이렇게 오래 아파보기는 아마 처음일 거예요.

5월도 삼 분의 일이 지났어요. 어서 6월이 오기를 바라면서, 다시 만나는 날을 연상하며 홀로 위안해요. 만나면 서로 필요한 점이 있다고 생각할까요. 아마 주름이 늘었을지도 모르죠. 그동안 학교나 우리 주위는 별로 변한 것이 없으니 안심하기 바라며 병이 완쾌되는 대로 또 편지하겠어요.

몸이 괴로우니 당신이 더 보고 싶구려. 안녕.

당신의 동순

1964년 5월 12일 아침

몸살이 나아서 퇴원했어요

사랑하는 유일한 당신에게!

그동안 궁금하고 답답해할 줄 알고도 남았으나 편지 쓸 엄두를 못 내고 하루이틀 지난 것이 지난번 마지막 편지를 보내고 10여 일이 지났구려. 아버님 편지를 받아서 제가 병원에 입원했었다는 소식은 들은 줄 알아요. 지난 17일에 아버님이 서둘러주셔서 입원한 후 입원실에서 다섯 통의 당신의 따뜻한 편지를 받았어요. 그러면서도 답장을 못하니, 얼마나 답답했겠어요.

아버님의 지성과 온 식구의 정성으로 의외로 빨리 9일 만에, 즉 어제 퇴원했어요. 엄하신 아버님께서 지극하게 돌봐주신 덕을 감사드립니다. 아직 소화력이 약하고 식욕이 없어 미음을 먹고 있으나 열만 다시 오르지 않으면 회복은 빠를 줄 믿어요. 당신이 오실 때는 건강한 몸으로 당신을 맞겠어요.

지금 막 당신의 송금수표와 엽서를 함께 받고 얼마나 기뻤는지 몰라요. 입원하기 전 우리 집 소아과에서 외상으로 며칠 치료한 것을 주어야겠어요. 정말 고마워요. 눈물이 나도록.

입원했을 때부터 동주가 와서 간호하고 있어요. 지난주 실습은 이OO 조교에게 대강을 시키고 지금은 시험기간이라 다행인데 6월 2일까지는 완전히 회복이 되어 나가야겠어요.

6월 20일경으로 귀국 예정이라니 당신이 더 가까이 온 것 같아요. 어서 당신이 귀국하는 날이 왔으면 좋겠어요. 그리고 (서두) 첫 글은 고의로 쓰지 않은 것은 아니에요. 아파서 지금도 썼는지 안 썼는지 모르겠고, 그 편지를 쓸 때도 아파서 정신이 없었어요. 섭섭했다면 정말 미안해요.

영원히 사랑해요. 편지를 쓰는 지금도 땀이 나는군요. 이제 자주 경과를 보고하겠어요.

당신의 동순

1964년 5월 26일

1967년 3월,

장충식은 종학대학으로 승격한 단국대학교의 초대 총장에 취임한다.

당시 그의 나이 34세로, 전국 대학 총장 가운데 최연소 총장이었다.

이후 장충식은 미국 남오레곤주립대학 및 인도네시아 파자자란국립대와의

자매결연, 천안캠퍼스 개교, 치과대학 설립 등의 쾌거를 이루며

대학의 성장을 이끌어냈다.

뿐만 아니라, KOC 부위원장 겸 대학스포츠위원회 위원장 등을 맡아

국가의 스포츠 발전에도 상당한 기여를 했다.

3부에는 장충식이 대학의 발전과 스포츠 외교를 위해

월남, 동경, 중국, 하와이, 독일, 인도네시아 등 전 세계를 돌며 일에 매진하던 시기에

아내 신동순에게 보낸 편지가 담겨 있다.

바쁜 일정 가운데 타국에서 느끼는 고독과 가족에 대한 그리움,

사회와 이웃을 위해 봉사하는 삶에 대한 계획이 잘 드러나 있다.

당신이 있기에 어떠한 고난도

장충식 1967.8.7~1985.8.26

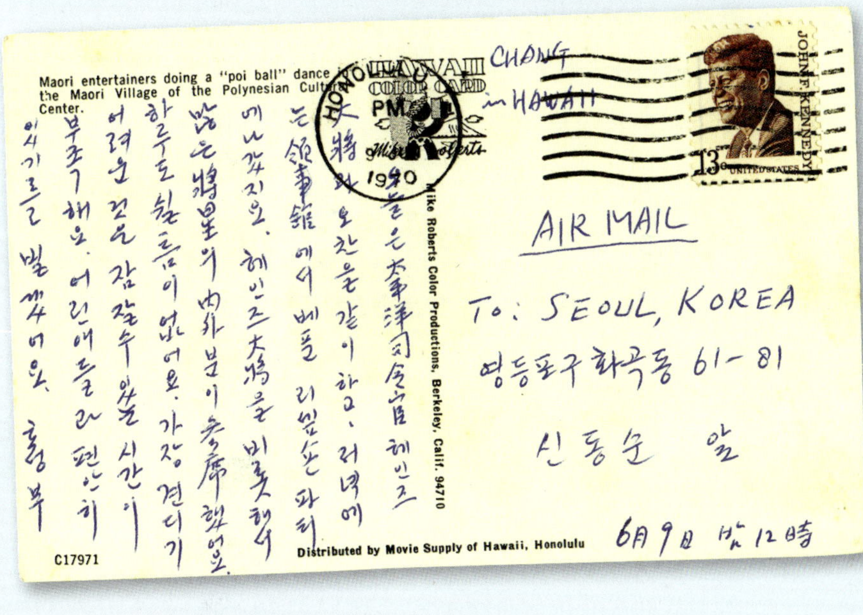

월남에 오니 국군의 기상을 실감하게 됩니다

호성 모에게

월남에 도착하자 곧 펜을 들었습니다. 오전 11시에 동경을 출발해 오후 3시에 필리핀 마닐라에 잠시 들렀다가 오후 6시에 사이공에 도착했습니다. 비행장에는 여러 관계자와 월남 아가씨가 꽃다발을 들고 환영하러 나와주었습니다. 월남은 우기에 접어들어서 서울보다는 덜 더운 것 같아요.

이곳은 한국, 일본과 달리 6.25 당시처럼 전쟁의 기분을 느끼게 해줍니다. 거리는 자가용보다는 대부분 자전거와 오토바이로 꽉 차 있습니다. 여자들도 남자처럼 자전거나 오토바이를 타고 다니고 있어요.

월남에 처음 온 우리 일행은 국군의 기상이 대단하다는 것을 피부로 느낄 수 있었습니다. 월남 사람은 한국인을 부러운 듯이 바라보는 것 같아요. 월남인의 모습에서는 나라를 구하려는 국민의 결의와 표정을 찾아볼 수 없네요. 전부 체구가 작고 뼈만 앙상한 것이 꼭 영양실조에 걸린 것 같아요.

지금 호텔에 들어왔는데, 마치 창 너머로 베트공이 나를 노리는 것 같은 기분이 드는군요. 누가 베트공인지 분간 못하는 이곳에서 적과 아군을 구별할 수 없을 것 같아요. 오늘 저녁 7시 30분에 만찬회가 있기에 이제 준비해야겠어요. 안녕!

사이공에서 호성 부

1967년 8월 7일 오후 6시35분

당신을 못 보는 나는 세상에서 제일 고독한 사람

호성 모 보시오

비행기가 도착할 시간만 고대했어요.

스키장에서 연습 도중 산장으로 달려갔어요. 꼭 당신이 와주어서 산장 현관에서 미소 짓는 표정으로 우리 부자를 반갑게 맞아줄 것이라 확신하고 단숨에 달려갔어요. 아무런 기척이 없어 퍽 실망했는데 현관에 들어서니 산장에서 일하는 아이가 "서울서 오셨어요" 하는 순간, 어찌나 반갑고 기쁜지 어쩔 줄 몰랐습니다. 그 순간의 감정과 기분은 우리가 처음 만났을 때처럼 표현할 수 없을 만큼 격동하고 기뻤어요.

방으로 달려가 방문을 활짝 여니 김OO 주간만 있더구려. 그 순간, 나는 "내 처는" 하고 물었고, "못 오셨어요" 하는 김 주간의 대답에 이 세상에서 내가 제일 고독한 사람처럼 느껴졌습니다. 방 한 구석에 있는 초콜릿, 베이컨, 스웨터 등 당신이 보낸 물건을 보니 눈물이 핑 돌고, 가슴이 뭉클해서 실컷 울고 싶었어요.

사랑의 보람을 느끼고, 삶의 보람을 느끼면서 먼 산 너머 서울에 있는 당신 생각에 고독이 뼈 속까지 스며드는 감정을 느꼈습니다. "여보" 하고 부르고 싶고, "동순이" 하고 외치고 싶고, 당신이 곁에 있으면 으스러져라 껴안고도 싶습니다.

이번 여행은 고생도 많고 산악지형이라 견디기 퍽 어려웠어요. 하지만 부자가 처음으로 단 둘이 객지에서 지내니 여간 다정해지지 않았습니다. 만약 호성이가 어머니 없이 외로이 지낸다면 얼마나 쓸쓸하고 외로운 세상을 보낼까 생각하면 왈칵 울음이 쏟아질 것만 같아요.

나는 이토록 당신을 사랑하고 사모하고 있어요. 그런데 우리는 만나면 서로 왜 그리 자주 싸울까요? 이 의문은 지금껏 풀리지 않았어요. 내가 무슨 잘못이 있기에 당신은 그토록 내 신경을 피로하게 하는지요. 그 까닭을 알 수 없군요.

스키는 참 위험한 스포츠입니다. 상상 외로 위험한 점을 발견했고 체험했어요. 2킬로미터나 되는 지점까지 두 개의 스키를 메고 가면 어깨가 쑤십니다. 손이 얼고 발이 얼고 눈보라 속에서 강풍을 만나면 눈을 뜰 수가 없어요. 도랑에 빠져서 내 무릎이 부었습니다. 몸이 몹시 피곤하군요. 그러나 식욕이 좋아지니 건강해질 것 같습니다. 19일에 상경하겠습니다. 잠시 상경했다 다시 올지, 그렇지 않으면 아주 상경할지 이곳에서 결정할 수는 없군요. 그럼 이만 쓰겠어요. 안녕.

당신의 충식으로부터

1968년 1월 15일

동경에서의 일은 잘되고 있어요

객지에서의 고독

4월 20일 새벽 1시 반. 호텔 앞에서 철야로 도로공사를 하는 기계의 진동소리 때문에 잠시도 잠을 잘 수가 없구려. 이곳은 오늘도 축축이 비가 내리는데 하는 일 없이 몸만 바빠요. 와세다와 게이오 대학의 중국학생과 처음으로 전차(우리나라의 기차)를 타고 척식(도쿄에 있는 사립대학)대학의 시천(市川) 교수를 만나러 갔습니다. 약 1시간가량 걸리는 곳인데 타고 내리는 사람이 어찌나 많은지 혼이 났어요.

이곳에서의 일들은 대체로 잘되어가고 있어요. 오후 6시에는 무국적 교포의 입적소송을 부탁하는 사람과 만나서 강OO 이사가 그 사건을 담당키로 했습니다. 9시에 약 2시간 드라이브를 하고 밤 12시경에 동경에 도착했지요. 배가 고파 다방에 가서 바나나 아이스크림을 먹고 나니 어찌나 추운지 몸이 떨려 호텔로 돌아오는 즉시 목욕하고 당신에게 펜을 들었어요.

강 이사나 나는 아직까지 아무런 일도 없어요. 돌아가는 그날까지 아무 탈이 없을 것이오. 그것만은 믿어주겠지요.

낮에 일을 하고 나면 무엇인가 기분이 허탈해지는 것 같구려. 객지에서의 고독을 참는 것도 그리 쉬운 일은 아니지요. 그러면 몸조심해요.

호성 부로부터

1968년 4월 20일 새벽 2시 10분 전

아무리 좋은 경치도 당신 없이는 무의미해요

호성 모

다음 주 토요일에 일본항공 편으로 돌아갈 예정이오.

오늘은 일요일이라 늦게 일어났어요. 지금은 오전 10시 5분입니다. 어제는 오전에 볼일을 마치고 오후 1시경에 드라이브를 했지요. 무려 800리를 달리는 긴 드라이브였어요. 12시경에 호텔로 돌아오니 몸이 고단해서 그냥 쓰러지고 말았지요.

그런데 아타미(해수욕과 온천으로 유명한 곳)라는 곳에서 저녁에 온천목욕을 할 때 강OO 이사가 돈지갑을 놔두고 그냥 돌아오다 차 안에서 생각이 나 되돌아갔는데, 있을 리가 있겠어요. 그리고 하코네산(유명한 산)이라는 곳은 참으로 멋있는 곳이지요. 산상에는 큰 호수가 있고 호수에는 여객선들이 있습니다. 산정에는 세 방면에서 케이블카가 올라오고, 또한 순환도로가 거미줄처럼 얽혀 있습니다. 어제의 드라이브는 서울서 부산까지의 거리였습니다.

하지만 아무리 경치가 좋고 좋은 관광이라도 당신 없는 여행은 외롭고 쓸쓸하기만 해요. 만약 당신이 없다면 나는 이 세상에서 사는 재미를 전혀 모를 것이고 종국에 가서는 내 스스로 운명을 죽음으로 이끌었을 것이오. 그토록 나는 당신과의 애정이 전부이고, 이 세상 좋은 것이 있다면 모두 당신에게 구경시켜주고 싶을 뿐이오. 이 세상에 아무리 좋은 것이 있다손 치더라도 당신 없는 세상이란 그림의 떡을 보는 것과 같다고 생각해요. 15년 전이나 지금이나 당신에 대한 애정은 한결같고 순수하고 변함이 없다는 것을 언제나 나는 느끼고 있어요.

오직 당신은 나의 품 안에만 있고 영원히 내 사랑 속에 있는 것이오.

호성 부로부터

1968년 4월 21일

동경에서의 마지막 밤, 당신을 떠올리며

당신의 충식

자정이 지났습니다. 한국 같으면 고요한 밤이겠지만, 이곳은 통금이 없어 아직도 밖은 자동차 소리로 요란합니다. 아마 이 편지가 동경서 마지막 편지가 될 것이오. 27일에 노스웨스트기 표가 있으면 귀국하겠습니다.

오늘 낮에는 매우 쓸쓸한 일과를 보냈습니다. 이제는 귀국하고 싶은 생각 때문에 좀처럼 일이 손에 잡히지 않습니다. 대체로 이곳에 온 일은 일차적으로 결론을 얻은 셈입니다. 매사가 첫 번에 이루어지는 것은 아닙니다. 그러나 이번 여행에서 수확은 많았습니다.

남자가 혼자 와서도 생활하기 어려운 곳인데 만약 당신이 홀로 와서 얼마간이고 지낸다는 것은 참으로 힘들 것입니다. 지금 나는 어찌할지 갈피를 잡지 못하고 있습니다. 고민하고 있습니다.

물론 한국에 가서 결정할 일이지만 이곳에서 혼자 결정짓기는 힘이 듭니다. 학교 일은 어떻게 되는지 무척 궁금합니다. 큰일은 없겠지만 그래도 잘되겠지 하고 홀로 위안을 합니다. 지금의 심정은 오직 속히 당신의 곁으로 돌아가고 싶을 뿐입니다. 이것이 지금 제 심정의 전부입니다. 안녕!

당신의 충식으로부터

1968년 4월 24일

하와이에는 진귀한 것들이 많아요

호성 모에게

오전 9시 5분에 하와이 호놀룰루국제공항에 무사히 도착했어요. 아마 한국 시간으로는 6월 6일 오전 5시 5분이 될 것이오. 서울을 떠나서 만 하루가 되었는데 잠을 자지 못한 탓인지 퍽 피곤하구려. 사령부의 조던 대령을 위시해서 예비역 장군과 수많은 교포들이 도열해서 이중삼중으로 화환을 걸어줍디다.

만 하루의 여행 동안 별의별 진귀한 것을 많이 보았어요. 하와이는 생각보다는 그리 덥지 않아요. 거리에 양복을 입은 사람이라고는 우리뿐인 것 같아요. 히피족의 남녀들이 반라에 맨발로 활보하는 꼴은 참 가관이더군요. 제멋대로 사는 사람들 같아요.

또한 이곳은 동양 민족이 많고 세계 각국 인종이 다 모여 사는데 한국 사람만 1만 명 정도 살고 있어요. 아침에 여장을 풀고 나니 곧 12시가 되어 아리랑 하우스에서 교포들의 초대로 점심을 했지요.

당장 입을 것이 없어서 쇼핑하러 나갔는데 수영복과 하와이 남방셔츠를 김OO 교수가 사주었어요. 오늘 저녁 7시 30분에는 로열 하와이언 호텔에서 코리언 컬츄럴 소사이어티의 에델 민 회장의 초청으로 식사를 하게 되었어요.

그동안 좀 쉬러 호텔로 들어온 사이 사랑하는 당신 앞에 짧은 소식을 전하오. 안녕!

당신의 충식으로부터

1970년 6월 5일 오후 3시 10분

서독에서의 바쁜 일정 중에

호성 엄마에게

서독에는 1월 30일에 무사히 도착했지요. 그동안 당신은 애들과 더불어 편안히 지내고 있는지 궁금하구려. 동경서 출발하여 18시간이나 잠도 못 자고 비행한 끝에 프랑크푸르트에 도착하자마자 또 자동차로 2시간이나 달려서 '본'에 도착했지요. 호텔로 가기 전에 곧바로 회사를 방문해서 사업에 대한 얘기가 시작되었습니다. 점심은 회사에서 하고 도착 당일 '샷시' 한국 총대리점 계약을 맺었습니다.

다음날인 1월 31일도 쉬지 않고, 벽돌 공장 합작에 관한 얘기를 하기 위해서 또 2시간이나 자동차를 타고 '아센도르프'라는 지방에 가서 종일 상담하고 그곳 회사 중역들과 종일토록 토론했습니다. 결론은 2월 5, 6일경이나 되어야 알 것 같은데 성사될 것 같아요. 이번에 내가 여기에서 할 일은 세 가지인데 첫째 일은 도착 당일 본 계약으로 성공했고, 두 번째 일은 며칠 있어야 하는데 거의 성공될 것 같아요. 세 번째 일은 이곳 독일 대학과 자매결연을 맺는 건인데 이것 때문에 어제 밤 4시간이나 자동차로 달려서 하이델베르그에 가서 하룻밤 자고 오늘은 '울름(Ulm)'이라는 곳을 들러서 다시 하이델베르그로 돌아왔지요.

내일 마인츠대학 총장과 자매결연 건으로 점심을 나누면서 얘기하기로 했습니다. 동경을 출발해서 강행군을 했기 때문에 대단히 피곤하고, 한 곳에서 하루 밤밖에 자지 못하니 세탁할 수도 없습니다. 자동차는 대사관에서 내주어서 여간 도움이 되지 않는데 선물을 적게 가지고 와서 쩔쩔 맸어요. 이곳 물가고도 대단합니다. 절약하고 있지만, 고생은 면할 수 없어요. 앞으로 일주일이면 모든 일을 완결짓고, 곧 귀국하겠어요. 안녕!

하이델베르그에서 호성 부
1974년 2월 1일

당신이 있기에 어떠한 고난도

호성 엄마에게

어제 토요일(2월 2일)에 하이델베르그에서 본으로 돌아왔지요. 본으로 오는 도중 마인츠라는 도시에 들러서 낮 12시에 중국집에서 마인츠대학 총장 슈니더 박사와 점심을 하면서 자매결연에 대해 구두로 일차 합의했습니다.

마인츠대학은 500년의 역사와 전통을 가진 대학으로 학생 수는 1만 7,000명입니다. 의학대학을 비롯해서 법과대학 등 그 규모가 독일서 둘째가는 대학이며 특히 나일론을 발명한 대학으로 유명합니다. 대학의 시설은 어마어마합니다. 금년 가을에 이 대학 총장 내외분이 우리 대학을 방문키로 했으며 총장은 세계적으로 유명한 헌법 학자이기도 합니다.

오늘은 일요일이라 하는 일이 없고 쓸쓸히 호텔에 앉아서 라인강이 유유히 흘러가는 것을 바라보고 있을 뿐입니다. 오늘 저녁은 서독 국회의원 바그너 박사의 초대를 받아서 낮에는 호텔에서 책이나 보면서 휴식을 취할까 생각합니다. 도착하는 그 순간부터 어제까지 잠시도 쉴 새 없이 사람들을 만나기 위해서 돌아다니고 차로 여행하고 대화하고 토론하고 있습니다만 국제 간의 대화란 여간 어려운 것이 아닙니다.

특히 독일어의 필요성을 절실히 느꼈으며 독일에서는 의외로 영어가 전혀 통하지 않아 불편을 많이 느꼈습니다. 앞으로 교수나 학생의 유학을 위해서도 독일어를 장려해야겠어요.

홀로 당신 앞에 글을 쓰니 항시 당신이 그립고 보고 싶어집니다. 예나 지금이나 당신에 대한 그리움은 변하지 않고 저 라인강 물결처럼 유유히 흘러갑니다. 앞으로도 내 인생에는 많은 고난이 가로놓여 있겠지만, 당신이 나를 이해해주고 감싸주기에 나는 이 많은 고난의 물결을 헤쳐갈 수 있을 것입니다.

아이들에게는 잠시도 쉬는 여유를 주지 말구려. 하루라도 열심히 공부해서 실력으로 이 세상을 원만히 살아갈 수 있도록 지도해야 합니다. 이번 금요일쯤 서독을 출발하게 될 것입니다. 안녕!

당신의 남편으로부터

1974년 2월 3일 본에서

당신의 사진을 보며 대화를 나눠요

사랑하는 당신에게

그동안 잘 있었소. 오늘도 무슨 소식이나 있을까 해서 볼링이 끝나자마자 집으로 돌아와서 애들에게 편지 온 것 없느냐고 물었더니 없다고 해서 매우 실망했어요. 오늘은 토요일이고 또한 월급날이라 일찍 귀가하는 것이 즐거워야 할 텐데 막상 일찍 귀가하니 함께 즐길 사람이 있어야지요. 돈이 태산같이 있다 하더라도, 당신 없이는 휴지에 불과하오.

바이올린 연습을 하고 나니 이제 밤 11시가 됐는데, 마음이 울적해지는구려. 밤이 깊으면 깊을수록, 고요하면 고요할수록 당신 생각에 가슴이 막히는 것 같고 숨이 답답해지는 것 같아요. 당신이 떠난 지도 어언 25일이 됐는데 그동안 그 긴 시간을 내가 어이 지내왔는지 몰라요. 이제 이곳은 아침저녁으로 제법 서늘해지는 것 같아요. 집 둘레에 덧문을 달았어요. 극장은 전혀 가기 싫고, 당신이 돌아올 때까지 극장은 결코 안 가겠어요. 내일은 일요일인데 애들과 워커힐로 놀러가겠어요. 일요일 하루는 계숙이와 혜림이를 위해서 봉사해야지요.

지금쯤 당신도 밤이 되면 고독한 마음으로 무척 괴로울 것이오. 미국 사람은 극히 사무적이고 타인의 사정에 대해서 무심하기 때문에 저녁에는 당신 친구가 되어줄 사람도 거의 없을 것이니 얼마나 쓸쓸하겠소. 내가 미국에 가도 12월경에나 가게 될 것이오. 왜냐하면 11월 3일에는 개교기념일이고 채무도 다 정리해놓아야 갈 테니. 3개월만 있겠다고 얘기하지 말아요. 늦어도 크리스마스 전에는 도미하도록 하겠어요. 그러니 꾹 참고 6개월 동안 있겠다고 생각해요. 그리고 돈을 절약해야 합니다. 불필요한 것은 결코 사지 말아요. 오늘은 피곤해서 이만 쓰겠어요.(8월 14일 밤 11시 20분)

지금 막 8월 6일자 당신의 편지를 읽고 펜을 들었어요. 날이 흐리고 바람이 불어서 애들과 워커힐에 가는 것을 단념하고 순자 가구 사는 데 가려고 하는데 마침 당신의 편지가 왔어요. 아침 9시 반에 왔으니 오늘 일요일은 참 기쁜 날이에요. 만약 오늘도 편지가 안 왔으면 무척 우울한 일요일이었겠지요. 그리고 방학 동안에는 타인의 집에 있는 것도 좋을 것이오. TV는 하나 사도 괜찮겠지요. 레이놀드가 당신한테 송금하기로 했으니까 너무 유념 말아요.

근일 혜림이는 쭉 열심히 피아노를 치고 계림이도 열심히 공부하고 있어요. 당신이 있을 때보다는 독자적으로 잘들 하고 있습니다. 오히려 애들이 내 걱정들을 해주고 있어요. 생활비도 비교적 적게 쓰고 있어서 집안에는 큰 어려움이 없지요. 당신이 없기 때문에 대부분의 가족들은 침묵을 지키고 있고 잘 웃지도 않고 전부 내 표정만 살피고 있어요. 나도 별로 신나는 일이 없으니 웃음도 없어지고 책 보는 시간이 가장 즐겁고 당신 편지 보는 순간만이 행복할 따름이지요.

내 몸은 비교적 건강해졌고 만나는 사람마다 얼굴이 좋아졌다고 인사를 하니, 아마 당신이 있을 때는 내가 매우 피곤했던 모양이지요. 실은 그것이 아니라 지금은 방학이라 별로 하는 일이 없기 때문에 피곤함을 모르기 때문이지요. 그렇게 큰 신경을 쓸 일도 없소.

단지 탈이라면 고독한 것뿐인데 근일에는 자주 앨범을 들춰보는 습관이 생겼어요. 결혼 초에 찍은 사진부터 당신이 미국으로 떠나는 날까지의 사진을 보면 1시간이나 걸려요. 그러면 꼭 당신과 대화를 하고 난 기분이에요. 오늘의 고독이 쌓이고 쌓였다가, 당신을 만날 때 그 쌓인 고독이 폭발하면 나는 마음껏 기뻐하고 웃겠지요.

당신의 충식

1975년 8월 14, 15일

금문도 일정을 무사히 마쳤어요

호성 모 보아요

나는 무사히 도착해서 여러 가지 일을 하고 있습니다. 어제는 최OO 장군님과 이곳의 전방인 금문도에 당일로 다녀왔습니다. 군용기를 타기에 사망해도 좋다는 각서를 쓰고 탔어요. 금문도의 전방은 제일 위험한 곳이며 중국과 불과 2,300m에 있는 근거리라 육안으로 중국대륙이 보입니다. 비행기가 해면에 닿을 정도로 낮게 날아가는데 어제는 기상이 나빠서 안개 속에서 비행을 했습니다.

전 부대가 지하 속에 있어 방비는 잘 되어 있어서 안전합니다. 최 장군님도 나로 인해 중국의 명사들과 잘 알게 되었다고 대단히 기뻐하십니다. 오늘 저녁까지 공식 방문 일정을 마치면 명일(22일) 일본으로 출발합니다.

이곳에 도착해서 최 장군님과 다 같이 감기에 걸려 종일 머리가 띵합니다. 그러나 워낙 좋은 음식만 대접을 받으니 영양만점이라 별로 지장은 없습니다.

한 가지 고생은 자주 차를 얻어 마시다 보니 커피 이상으로 불면증에 걸려서 피곤할 뿐이지요. 나 없는 동안 아이들이 계속 열심히 공부하도록 격려해주길 부탁하며 아울러 당신의 건강을 빌겠습니다.

호성 부

1976년 1월 21일 새벽 5시 14분

당신 일생에 소중한 기회를 잘 살리길

호성 어머니에게

당신이 출발한 지도 벌써 일주일이 되는구려. 이곳은 별고 없으며, 계숙이와 혜림이도 명랑하게 잘 지내고 있구려. 당신이 떠난 날부터 나는 잠을 잘 못 자는 습관이 붙어서 며칠 동안 수면 부족에 감기가 겹쳐서 그런지 3, 4일간은 탈이 났지만, 결근은 하지 않았구려. 도고 집에는 통 가지 않았으며, 아이들이 저녁상을 차리고 기다리는 성의를 생각해서 한 번도 외식은 하지 않고 퇴근 즉시 아이들과 함께 식사를 하고 지내니 한결 마음이 안정되는 것 같구려.

지난 일요일 장OO 학장님과 전OO 박사가 집으로 놀러 오셔서 워커힐호텔에서 전 박사가 저녁을 샀지요. 가볍게 먹었지만 역시 탈이 났구려. 사람이란 마음이 텅 비어 있으면 탈도 잘 나는 것 같구려. 오레곤에 있는 동안 가급적 영어라도 잘 숙달되어서 귀국할 수 있다면 소득이 매우 큰 것이라고 생각이 되는구려.

한편 생각해보면 나는 당신에 비해서 바보인지도 모르지. 사서 고생하고 공을 들여서 고독과 적막을 스스로 초래해서 답답한 가슴을 쥐어 잡고 살아야 하는 바보임에 틀림이 없구려. 밤늦도록 텔레비전 앞에 홀로 앉아 있거나 이책 저책을 뒤적거리다 시간을 다 놓쳐버리고 나면 깊은 밤이 그토록 싫구려. 철면피가 되어서 외도라도 할 수 있는 놈이라면 모르겠는데, 나는 그런 행위는 치사해서 할 수도 없구먼!

그건 그렇고, 여권기일을 잘 기억하고 있다가 공부하고 있다는 증명서를 가지고 가서 여권기일 연장 신청을 내고 미 이민국에 가서 비자 연장 신청도 내야 하오. 미국에 있는 동안 민간외교를 잘해서 미국인들이 우리나라의 입장을 이해하도록 설득해야 하며 공산주의자가 침략을 꾀하고 있다는 점을 강조해야 하오. 우리는 지금 무엇보다도 안정이 필요한 나라이며 군사적으로 불안을 해소해야만이 공산당들의 남침을 미연에 방지할 수 있다고 강조해야 하오. 호성이의 학비는 12월 9일 외환은행 구좌로 3,000달러를 송금했으니, 호성이에게 거래은행에 가서 확인하라고 일러주구려.

기정이 학비는 재학증명서와 거주증명서(호성이 것도)를 만들어 보내면 정기적으로 송금할 수 있어요. 내가 유학 가서 고생하던 생각을 하면 눈물이 날 지경이오. 당시는 우리나라가 빈곤해서 한 달에 약 10달러도 송금할 수 없었다는 것을 생각할 때 아이들이 조국과 정부에 대해서 감사한 마음을 가지도록 교육해야 합니다. 대학 재정은 어려운 편이며, 집의 생활비는 계숙이가 알뜰하게 절약해서 살림을 하니, 부족하지는 않아도 앞으로 1년간 고생할 것을 생각하면 시간을 어찌 넘길까 걱정이 태산 같구려.

단어를 많이 기억해두어야 의사가 잘 통하니 열심히 공부하도록 해요. 당신의 일생에 다시는 이런 기회가 있을 수 없을 것이며, 나 또한 당신에게 이런 기회를 다시는 주지 않을 것이니 시간을 절약해서 많은 공부를 하도록 해요.

나는 1월이나 2월 초쯤 인도네시아 대학과 동남아 몇몇 대학을 방문할 예정이며, 새마을운동을 해외로 수출해서 국가의 민간외교 활동에 종사해야 합니다. 쓰다 보니 내용이 너무 길어졌구려. 아무쪼록 몸조심하고 건강한 몸으로 귀국하기를 고대하며, 부모님도 내가 자주 찾아뵙고 문안을 드리도록 하겠으니 안심하구려.

안녕!

호성 부

1980년 12월 10일 새벽 1시 15분

당신이 떠나니 하루가 너무 길고 지루해요

호성 어머니에게

당신이 비행기 안에서 써 보낸 편지는 오늘 받아보았소. 어제는 당신과 전화를 하기 위해서 눈보라가 치는데도 도고에서 아침을 먹고 곧 출발했던 것이오. 백OO 실장이 없어서 홍보실 박OO 차장이 임시비서로 수행했는데 금요일 오후부터 충남 일대는 폭설이 쏟아져 토요일에는 출근도 못하고 종일 집에 갇혀 있었지요. 일요일도 함박눈이 쏟아져 기차로 상경할까 했으나 위험을 무릅 쓰고 자동차로 상경해서 다행히 통화가 되었구려.

당신이 없으니 아이들 생각 때문에 저녁 외출은 금지하고 반드시 집에서 저녁을 먹으며 아이들도 내가 귀가할 때까지 저녁을 먹지 않으니 빨리 귀가하는 수밖에 없구려. 생활비도 절약해 쓰고 있는데, 1개월분에서 계숙이가 30만 원을 저축해놓았고, 당신이 있을 때보다 약 3분의 1은 절약하는 편이오. 남는 돈은 모았다가 당신에게 좀 보내주어야겠어요.

교수들을 가정으로 초청하는 것은 일체 사양하고 있으며 당신이 없는 동안은 누구를 초청할 생각도 없으며 초청도 전부 거절해버렸지요. 직장과 가정 이외에는 일체 남들과 만나고 싶지도 않아요.

당신이 떠난 후에는 주로 텔레비전 앞에 앉아 있는 시간이 많으며 간혹 잡지에서 투고 청탁이 오면 그것이나 쓰고, 독서에 마음을 쓰나 별로 진전이 없어요. 하루가 어찌 이렇게도 긴지, 특히 저녁시간은 지루할 정도로 길어서 잠이 올 때까지 시간을 보내기가 여간 고통스럽지가 않아요. 그러나 차츰 마음이 안정되어가는 편이니 그리 걱정하지 말고 당신의 공부나 잘했으면 좋겠어요.

호성이와 기정의 대학원은 어찌 된 것인지 소식이 없으니 답답하구려. 자세히 보고해주구려. 천안캠퍼스 임OO 교수가 겨울방학을 이용해서 오레곤에 다녀올 듯합니다. 또 소식 전할게요.

안녕.

호성 부

1980년 12월 15일

호성이가 열심히 공부하도록 북돋워줘요

호성 어머니에게

12월 6일자 편지는 잘 받았어요. 그동안 건강했는지, 아이들 학업진도는 어떠한지 궁금하구려. 오늘 계숙이와 함께 조 트리오 연주를 보러 갔으며 혜림이는 학기말시험이라 한창 바빠요. 두 딸이 나에게 매우 신경을 쓰고 있으며 시중을 잘해주고 있기 때문에 별로 불편은 없어요.

오늘 저녁 음악회에서 돌아오니 김OO 교수 내외분이 집에서 기다리고 있었으며 위안해주기 위해서 왔다갔지요. 장OO 교수 내외와 박OO 부총장 사모님께서도 집안일과 애들에게 세심한 관심을 가져주셔서 매우 위안이 되고 있어요.

나는 새벽 1시 반이나 2시경에 자는 습관이 생겼으며 수면이 부족한 탓인지 늘 감기에 걸려 있는 것 같구려. 요사이는 매일 저녁 1시간가량 계숙이와 함께 플루트를 연습하고 있기 때문에 심심하지는 않구려.

2월에서 3월 초 사이 서반아에서 개최되는 유니버시아드 동계대회에 선수와 임원을 데리고 참석하게 될 것 같구려. 어쩌면 귀국길에 미국으로 돌아올 가능성도 있을 것 같소. 그러나 졸업식이 끼어 있으니 아직은 결정할 수가 없지요. 계숙이가 생활비 중 30만 원을 절약해서 저금해놓았어요. 당신이 쓰지 않아서 남은 것이니 당신에게 주는 것이 옳을 듯하구려. 기정이 옷이 더 필요하면 소포로 부칠까 하니 기별해주오.

전화는 두 대 중 한 대는 팔았으면 해요. 쓸데없이 기본요금만 나오니 절약하는 것이 좋을 듯해요. 당신 전화를 팔았으면 하는데 당신의 도장이 어떤 것인지 알 수가 없구려. 올해는 날씨도 춥고 눈도 많이 오는 편이라 도민들에게 고난스러워요. 김OO 박사는 여당의 지방 책임을 맡게 되어서 매우 낙관적인 것 같아요. 잘되리라 믿소.

호성이에게 잘 말해요. 한눈팔지 말고 열심히 공부하라고. 너희들의 학업을 위해서 애비는 힘껏 일하는데 어려움 없이 하는 둥 마는 둥 공부했다가는 천벌을 받는다고 단단히 충고를 하구려. 머지않아 나도 내 자리를 내놓을 생각이니 알아서 잘 하라고요. 그리고 기정이에게 각별히 신경을 써주어야 하며 몸이 단단한 편이 못 되니 잘 보살펴주라고 해요. 만약 미역이 필요하면 소포로 부치도록 하겠어요. 주저 말고 부탁해요.

벌써 새벽 1시 반이 되는구려. 명일은 온양에서 송년회가 있으니 허OO 비서를 데리고 다녀와야겠소. 그러면 몸조심해요.

호성 부

1980년 12월 19일

당신 없는 세모는 쓸쓸하고 허전하기만

호성 어머니에게

내가 자주 부치는 편지는 제때에 받아보는지 궁금하구려. 근일에는 KBS 방송 대담 프로에 자주 나가는 편이며, 때때로 신문에 글도 쓰면서 하루하루를 보내고 있지요. 겨울밤이 길다더니 요사이처럼 겨울밤이 길다는 것을 실감한 적은 없는 것 같소.

12월 24일은 계숙이와 혜림이를 데리고 도고에 와서 조용하면서도 조촐한 크리스마스 저녁을 보냈지요. 눈이 펑펑 쏟아지는 화이트 크리스마스의 밤이었지요.

우리 온 가족이 함께 모였다면 참 따뜻하고 흐뭇한 크리스마스 이브가 될 것이었지만, 당신이 없는 세모는 어쩐지 쓸쓸하고 허전하기만 합니다. 아이들이 나한테 크리스마스 선물을 주었고, 나는 아이들한테 아무것도 하지 못했어요.

이집 저집에서 초청을 받았지만, 당신이 없는데 갈 기분도 나지 않고 해서 시골로 왔던 것이오. 그랬더니 장OO 학장 내외와 김

OO 박사 내외가 25일에 내려와서 하룻밤 지내고 가셨는데 만두와 음식을 많이 해가지고 오셨어요.

계림이의 전축을 본전에 팔아서 생활비에 보태 쓰라고 보내주었지요.

지금 나는 도고에서 추운 날을 보내면서 이곳저곳에서의 편지에 회신을 하면서 지루한 시간을 메우고 있어요. 책을 읽다가도 생각은 자꾸 오레곤으로 달려가요. 오레곤의 하늘과 땅을 잊어버리기 위해 안간힘을 써보지만 밤낮으로 마음이 그곳에 가 있으니 체중이 줄었어요. 만약 내가 갈 수 있다면 내일이라도 달려가고 싶은 생각뿐이오.

정월 1일부터 4일까지는 다시 도고 집에서 보낼 생각이며 5일부터 두 딸을 데리고 대관령에 며칠 가 있다가 올 생각이오. 혜림이가 무척 가고 싶어 해요. 아이들은 비교적 안정된 것처럼 보이지만 그래도 아이들의 표정에서 엷은 고독감을 발견하는 것 같아서 아이들에게 매우 미안하오. 처음에는 당신이 한두 달 있다가 오는 줄 알았는데 1년가량 있을 것이라고 하니까 무척 실망하는 빛이 보여요. 그러나 기왕 간 이상, 영어라도 제대로 공부하고 와야만 간 보람이 있으니, 정신적 고통은 참아내야 된다고 생각해요.

2월경부터 혜림이는 토플 공부를 시켜야겠고, 본인도 그렇게 하겠다고 하니 다행한 일이오.

내가 걱정하는 것은 당신의 건강인데, 당뇨는 어떠한지. 그곳은 약도 좋고 음식도 가려먹을 수 있으니 한편 안심도 되지만……. 당신 생활비가 부족하면 호성이 생활비에서 빌려 쓰도록 해요. 그만큼 내가 학비를 더 보내면 되지 않겠소. 나는 기관지가 몹시 상해서 요즘은 기침 때문에 고생을 하는 편이지요. 며칠 주사를 맞았지만, 좀처럼 낫지 않는구려.

호성이와 기정이의 영어실력은 향상되고 있는지 매우 궁금하며 자세한 소식을 모르니 답답할 뿐이오. 만약 호성이 장모님께서 기정이 출산 때까지 도착하지 못하시면 당신이 기정이를 도와주어야겠구려. 너무 길게 쓰면 지루할 것 같아서 이만 줄이오.

안녕!

도고에서 호성 부

1980년 12월 28일

마음만은 항상 대학시절 같아요

호성 어머니에게

그동안 당신은 건강했는지. 나는 별고 없어요. 이곳은 계속 춥구려. 오늘 도고(12월 29일)에서 서울에 와보니 당신한테서 세 통의 편지가 와 있었어요. 어느 편지부터 뜯어볼까 생각하며 참 기뻤어요. 연말에 이토록 좋은 선물이 또 어디 있겠어요. 밤새도록 읽어보고 싶은 편지였지요. 이곳저곳에서 오는 편지에 답장 쓰기도 바쁘고 신문에 글 쓰랴, 잡지에 글 쓰랴 참으로 한가한 시간이 없구려. 호성이와 기정이 실력이 향상되었다니 매우 안심이 되는구려.

계숙이는 알뜰하게 살림을 잘하며 혜림이도 곧잘 내 시중을 들어주어요. 남응이와 계림이한테서는 계속 부탁만 오는데, 큰 것들은 아니고 소소한 부탁들인데 기억해두기가 힘들어요.

머지않아 치과대학 시설 관계로 독일에 갈 것 같아요. 그곳 시장의 초청만 받으면 곧 떠나게 될 것 같아요. 자세한 것은 나중에 알려드리겠소. 명년에는 스포츠 외교 등 해외 출장이 많을 듯합니다. 대학 일도 너무 많아서 신경쇠약이 걸릴 정도입니다. OO이는 재무처장 서리로 가며 OO이는 국비로 곧 일본에 연구차 떠나게 되니까.

1월 1일은 신년식을 마치고 도고에서 지내고, 3일에 아이들과 함께 서울로 왔다가 5일에 다시 아이들하고 대관령으로 가기로 했어요. 아이들을 위해서 떠나야겠어요. 매월 살림에서 20~30만 원 절약되니 절약하는 돈은 당신 학비로 송금하겠어요. 애슐랜드의 당신 아파트로 송금하겠어요. 송OO 군에게도 장학금을 다소 보내주겠다고 해요. 당신 없이 생활하는 내 꼴은 말이 아니지만, 당신을 사랑하고 있기 때문에 무슨 고생인들 못하겠어요.

함께 있을 때는 서로 투닥투닥 말씨름을 했지만, 그것은 내 성격이 급해서 그런 것이고 당신을 사랑하는 마음은 25년간 한결같아요. 비록 몸은 늙어가도 마음만은 항상 대학시절 같아요. 이OO 교수 부인 편에 김 1,000매(열 톳)와 인삼 한 상자를 보냈는데 받았는지 궁금해요. 영어공부 열심히 해요. 우선 당신 여권부터 연장해놓고, 그 다음에 비자를 연장해야 되지 않을까요. 다른 사람에게도 회신해야 되겠기에 오늘은 여기서 줄입니다. 안녕!

새벽 1시 호성 부

1980년 12월 30일

신년 첫날,
당신의 행복과 아이들의 행운을 빌며

호성 어머니에게

보신각 종소리가 1981년을 알리는 울음을 터트리자 나는 당신의 행복과 아이들의 행운을 천지신명에게 기도드렸지요.

새벽부터 날리던 눈은 종일 계속되었답니다. 대성이네 집에서 아침 차례를 마치자마자 계숙이와 혜림이를 데리고 곧장 장인 장모님에게 가서 세배를 올렸지요. 장모님께서 딸이 없는데 쓸쓸히 보내는 사위가 왔다고 얼마나 기뻐하시는지. 눈시울이 뜨거워졌어요. 장인 장모님 모두 건강들 하시니 안심하구려. 자주 찾아뵙고 문안을 드리겠어요.

신년식을 마치고는 두 딸을 데리고 폭설이 쏟아지는 길을 헤치고 도고에 왔지요. 당신이 없는 그믐날 밤 수연이 엄마가 와서 아이들을 위안해주고, 수분 씨 그리고 조OO 사모님께서도 내가 없을 때 다녀가셨대요. 장OO 학장 내외분이 아이들을 자주 위로해주지만 당신이 없어 고독한 병에는 백약이 무효랍니다. 자정이 지나서 남웅이와 계림이가 국제전화로 신년인사를 해주어서 무척 기뻤지요. 어제 당신하고 잠시 전화통화를 하고 나니 마음이 다소 안정되는 것 같아요. 그렇지 않고는 도고에 올 수가 없어요.

호성이와 기정이의 대학원 진학 건이 마음에 걸려서 불안하기 짝이 없어요. 지금 있는 대학원이 여의치 않을 경우 용우가 있는 대학원에 가서라도 석사과정을 마치고 박사과정은 좀 더 좋은 대학원에서 할 수 있을 것이라고 생각해요. 용우와 전화로 상의하도록 해요. 시간이 촉박하니 어물어물하지 말고 서둘도록 해요. 방OO 박사님하고도 전화로 상의하도록 해요. 호성이와 기정이는 토플시험을 한 번만 더 치면 더 좋은 결과가 있을 듯하니 지금 성적으로 만족하지 말고 더욱 열심히 하도록 충고해주어요.

아이들의 장래를 위해서는 기정이가 아기를 낳으면 몇 달이 지난 후에 한국으로 데리고 왔다가 좀 큰 다음에 데려가 주는 것도 괜찮을 것이라고 생각합니다. 빽빽 우는 아기를 두고는 공부하기가 어려울 듯하오.

4월 중으로 의과 기계 때문에 독일에 가기로 약속이 되어 있어 4월 중순에서 5월에는 미국에 다녀올 수 있을 것이오. 당신의 여권과 비자 건에 대해서도 자세히 알려주면 좋겠고, 만약 사워즈

(Sours) 박사가 귀찮게 생각하면 모든 것을 중단하고 귀국하는 것이 좋겠소. 상황을 판단해서 잘 처리하도록 해요. 그쪽 소식을 잘 알 수 없으니 답답하고, 참으로 안타까워 못 견딜 지경입니다.

원래 오레곤 주는 외국인 학생에게는 까다로운 지방이라 다른 곳으로 알아보는 것도 괜찮아요. 1월 4일이 지난 후 자세한 소식을 기다리겠어요. 안녕!

호성 부

1981년 1월 1일 12시 자정

당신의 영어에 많은 발전이 있기를

호성 어머니에게

한국은 아직도 추위가 가시지 않고 계속 기승을 부려 서민생활에 괴로움을 안겨주고 있구려. 나는 2박 3일의 대관령 생활을 마치고 계숙이와 혜림이를 데리고 오늘 귀경했다오. 비록 2박 3일의 스키장 생활이었지만 이번처럼 지루하고 견디기 어려웠던 때도 없었지요. 큰 아이 내외도 없고, 당신도 없으니 자꾸 서울에 가고 싶은 생각뿐이었어요. 서울에 가면 전화도 할 수 있고, 당신한테서 편지가 와 있을 듯한 예감이 들었지요.

집에 돌아와 보니 당신과 기정이 그리고 이OO 교수한테서 편지가 와 있었기에 참으로 다행이었지요. 아이들은 나보다 이틀 먼저 대관령에 가 있었으니 억울하다고는 하지 않을 거요. 방학 중에 한 번 더 데리고 가야 할 것 같아요.

대학은 곧 입학기가 되니 매우 바빠질 것 같아요. 명일은 토요일이라 도고에도 가봐야겠고, 천안 건축 현장에도 가야 할 것 같아요.

당신이 없는 동안 공부라도 할 것 같았는데 책만 보면 자꾸 망상과 당신 생각 때문에 차분히 공부도 안 되는구려. 서로 마주 앉으면 자주 입씨름도 하는 편이었는데, 입씨름할 상대가 없어져 그냥 고독한 생활이 지겨워요. 그러나 당신의 영어에 많은 발전이 있기를 비는 마음에서 나의 불편한 생활을 참기로 했어요.

호성이가 정규과정에 들어갈 것 같다는 소식(당신의 12월 29일자 편지)을 듣고 좀 안심이 되나 막상 모든 수속이 끝나봐야 마음이 놓일 것 같구려. 그리고 남웅이가 대관령의 땅 800평을 산다는 것은 어떻게 됐는지 궁금하구려. 서독의 남웅이에게 전화해서 그 결과를 나에게 알려주구려. 만약 내가 해야 할 일이라면 내가 나서서 등기라도 해놓겠어요. 기정이 어머니는 수속이 끝나시는 대로 곧 당신이 간 편으로 주말을 이용해서 가시도록 하겠으니 안심하구려.

아무쪼록 몸 건강히 유익한 생활을 보내시도록 빌겠소.

호성 부

1981년 1월 9일

당신 없이는 하루를 살아도……

호성 어머니에게

대관령에서는 눈이 오지 않고 바람만 불더니, 지금 이 글을 쓰는 순간에는 도고에 함박눈이 펑펑 쏟아지고 있구려. 쏟아지는 눈송이에 시야가 가려서 먼 산이 희미하게 보일 뿐이며, 이따금씩 동네 앞을 지나가는 기차의 기적소리는 나를 더욱 고독한 세계로 끌고 가는 기분이구려. 잠시 책을 보다 플루트 연습을 하고, 음악도 듣다가 곧 실증이 나서 다시 책상 앞에 앉으면 바다 건너 멀리 떨어져 있는 애슐랜드라는 낯익은 고장에 머물고 있는 어느 여성이 그리워집니다.

마치 이승과 저승이 다르듯, 무엇 때문에 우리는 서로 떨어져서 그리워하는 시간 속에서 이 짧은 인생을 고독으로 파먹고 살고 있는가 하는 생각이 들기도 한다오.

스페인에서 있을 동계유니버시아드 대회에 참여하는 임원과 선수단을 인솔하는 단장으로서, 2월 16일에 출발하라는 지시가 있었지만 2월 21일 졸업식과 3월 초 입학식 때문에 갈 수 없는 사정을 말해서 겨우 외국 가는 길은 면할 수 있었지요. 그러나 1월 말경에는 인도네시아의 파자자란국립대학교(Padjadjaran University)와의 자매결연 협의 때문에 잠시 다녀와야 할 형편입니다.

오늘 낮에는 당신이 봉사단에서 일할 때 라디오 방송국에서 대담을 녹음했던 것이 있었기에 잠시 당신의 음성을 들어볼 기회가 있어 위안이 되었지요. 당신이 한국을 떠난 지도 벌써 1개월이 넘네요. 내 마음은 1년 이상이나 세월이 흘러간 것 같소이다.

지금까지는 이렇게 저렇게 지낼 수가 있었지만, 앞으로 이 무료한 시간을 무엇으로 메울지 참으로 암담할 뿐이지요. 특히 오늘처럼 눈송이가 펄펄 쏟아지는 날에는 막 뒹굴고 싶을 정도로 마음의 안정을 찾지 못하고 안절부절 못하지요. 앞으로 몇 달을 이렇게 지내야 할지 또는 한 해를 기다려야 할지 모르겠으나 지금 심정으로는 오랜 시간 헤어져 있고 싶은 마음은 추호도 없구려. 당신이 때맞추어서 적당한 시간에 귀국할 것을 당신에게 맡기는 수밖에는 다른 도리가 없는 것 같아요.

계숙이와 혜림이도 시간이 흘러감에 따라 어머니 생각을 더욱 하는 듯하고, 내가 도고로 내려간다면 싫어하는 눈치가 보이는 듯해요. 나의 생활도 책을 보는 시간보다는 음악을 감상하는 시간과 플루트를 연습하는 시간이 퍽 긴 편이지요. 차츰 마음이 안정되리라 믿었는데 안정되기는커녕 불안만 일어나니 사람이란 늙어도 마음은 항상 청춘이라는 옛 사람의 말이 맞는 것 같소이다.

4월에 독일에 갔다가 귀국하는 길에 미국 쪽으로 돌아서 오려고 생각하고 있는데, 당신이 서독으로 와서 나와 만나서 함께 귀국하는 것도 좋을 듯하니 잘 생각해보구려. 집안일도 그렇고 아이들의 생활을 생각할 때도 당신이 외국에 너무 오래 가 있는 것은 지장이 있는 것 같아요. 참고 견디는 것은 문제가 아니지만 사람이 하루를 살아도 사는 것 같지가 않구려.

몸조심하고 건강에 유념하구려.

도고에서 호성 부

1981년 1월 11일 오후 5시 반

손자를 봤다는 소식은 꿈만 같아요

호성 어머니에게

당신의 전화를 받고 참으로 기뻤어요. 손자를 봤다는 소식은 꿈만 같아요. 호성이도 행운아지만, 며늘애에게도 행복을 빌어주고 싶어요. 아들이나 며느리나 마음이 다 착하고 고운 아이들이라 신의 축복을 받은 것이 틀림없어요.

우리 부부도 남을 위해 착한 일을 많이 했지요. 이제 당신과 나는 할머니, 할아버지가 되었으니 우리의 여생 동안 그늘진 사람들을 위해 더욱 착한 일을 많이 합시다.

그리고 당신이 먼 길을 손수 자동차를 몰고 갔다니 참으로 대단하구려. 여성이란 남편을 떠나 살게 되면 자립심이 생기고 독해지는가 보지요.

1,000달러짜리 차를 샀다기에 1,000달러를 보내니 당신의 생활비에 보태 쓰도록 해요. 아이들의 생활비는 은행을 통해서 송금하겠으니 너무 걱정 말아요. 아무쪼록 건강에 유념해요. 호성이 전공

책 몇 권을 항공편으로 부쳤으니 곧 도착할 것이오.

당신의 행운을 빌겠어요.

호성 부

1981년 1월 15일 밤

입시도 성공했고 건축도 잘되고 있어요

호성 어머니에게

계숙이와 함께 도고에서 돌아오니 당신의 편지가 와 있구려. 일자는 적혀 있지 않으나, '호성이 장모님께서 도착하신 후'라고 적혀 있는 것으로 미루어 최근 편지임에는 틀림없어요.

하루하루가 바쁜 일과이며 도고 집에 가 있어도 방문객이 점점 늘어서 그곳에서도 쉴 틈이 없어요. 입시는 전기로 했지만, 성공했지요. 응시자 수가 전국 대학 중 최고로 많은 2만 8,000여 명이 왔으며 우수한 학생도 많이 왔고, 여러 해 전에 전기로 돌았던 건대보다도 성적이 향상되었고, 동대, 홍대, 숭대, 숙대, 세종, 성신여대, 국민대 등보다도 좋은 학생들이 많이 왔어요. 또한 전국 대학들이 입시 지원생들의 예시성적을 전부 발표했는데 우리는 중위권에 속하니 성공한 편입니다.

천안의 과학관도 외부는 4층까지 거의 다 올라가서 웅장한 모습을 드러내고 있어요. 이사장님이 대통령선거인단 후보로 추천되어서 나는 더욱 바빠졌으며, 2월 7일에는 공무로 인도네시아에 약 일주일간 다녀오고, 공무가 끝나는 대로 곧장 귀국해야 합니다.

호성이 편지를 받아보니 다 잘 있다고 하며 공부도 열심히 하고 있는 편인가 봐요. 당신은 언제쯤 귀국할 예정인지요. 궁금합니다. 만약 더 공부할 생각이라면 여권과 비자 건은 어떻게 되는지 소식을 주었으면 합니다. 나는 4월에 의료기자재 도입 건으로 독일에 다녀와야 하며, 귀국길에 미국을 경유해서 올 작정입니다.

지금은 새벽녘. 속이 출출하지만 먹을 것을 갖다 줄 사람이 없으니 사이다만 마시면서 글을 쓰는 중입니다. 대학은 정직과 공정으로 운영하며, 올 신학기에는 면학 분위기 조성에 혼신의 노력을 기울여야 합니다. 뿐만 아니라 많은 건설을 요하는데 자금이 가장 큰 문제입니다. 고생하는 해가 될 것 같습니다.

용석이를 보고 싶지만, 당장 갈 수도 없고 백일이 되면 기념사진이라도 보내주면 좋겠소.

이제 당신도 할머니가 되었지만, 우리는 할아버지, 할머니 소리를 듣기에는 너무 젊어요. 당신은 영어공부에 더욱 열을 올리고, 보람된 생활을 해요. 사워즈 총장 내외분께 감사하다는 뜻을 표하고, 곧 맥비커 총장과 사워즈 총장에게 인사 편지를 쓰겠어요. 기숙사도 완공했고, 천안에 교수 호텔도 신축할 예정입니다.

뿐만 아니라 중 · 고교도 신축해서 이전시키겠어요. 요사이 자주 통화를 하다 보니 월 평균 전화요금이 10만 원 정도 나옵니다. 계숙이와 혜림이가 시중을 잘하고 있으니 격려 편지라도 자주 써 보내요. 오늘은 피곤하니 이만 줄입니다.

안녕!

용석 조부

1981년 1월 27일 새벽 2시

매일 밤 나의 마음은 상공을 날아서 그대 곁으로

호성 어머니에게

오늘(2월 2일) 계숙이와 혜림이를 데리고 용평 스키장에 왔지요. 어제 당신과 전화통화를 했지만, 실은 큰 몸살을 앓고 있었지요. 아이들과 약속한 것이라 아침도 굶고 스키장에 와야만 했어요. 벌써 당신이 도미한 지 2개월이 되는데 앞으로 몇 개월을 이런 생활을 해야 할지 참으로 답답하기만 해요. 당신을 부르자니 모처럼 당신에게 영어공부할 기회가 주어졌는데 그것을 취소할 수 없고, 그렇다고 마냥 홀아비 생활을 하기도 불편하고, 고독하고 하루하루 생활하는 것이 지겹고 짜증이 나는구려.

그러나 이제는 당신도 공부하는 데 안정이 된 것 같으니 참을 수 있을 때까지는 참고 견디어볼 생각이지요. 4월에 서독에 갔다 귀로에 미국을 경유해서 올 참이지만, 과연 그때 어떻게 될지 지금으로서는 단정할 수 없지요. 공부 때문에 건강에 지장은 없는지요. 힘에 겨우면 속히 귀국해서 건강에 유념하는 것도 좋을 듯해요.

호성이 장모님이 모처럼 미국에 오셨으니 당신이 모시고 몇 군데 구경시켜드려야 할 것 같구려. 당신이 3월경 학업을 마치고 4월에 서독에서 나를 만나는 것도 좋고, 내가 서독에 들렀다가 미국으로 가서 당신을 만나는 것도 좋을 듯한데, 모든 일은 당신이 결정토록 해요.

지금 편지를 쓰는데 아이들이 스키 타러 갔다가 막 들어왔어요. 콩쥐가 강아지 세 마리를 낳았는데 아이들이 이곳에 오면서 무척 마음에 걸리는가 봐요.

지금쯤은 호성이 아들 용석이도 많이 컸겠지요. 백일이나 지나서야 내가 볼 듯한데 그때쯤엔 웃음을 띨 수 있을지 모르지요. 첫 손자라 그런지 무척 보고 싶네요. 미국과 서독에 보고 싶은 사람들을 놔두고 매일 밤 나의 마음은 상공을 날아서 그곳에 가 있으니 마음이 건강치 못해요. 이제 더 쓰면 당신의 마음이 혼란해질 듯해서 이만 줄이겠어요. 몸조심해요. 그리고 열심히 공부하구려.

안녕!

용평에서 용석 조부로부터

1981년 2월 2일

인도네시아에서 자매결연 협약을 했어요

호성 모에게

오늘 오전에 자카르타를 떠나서 오후 4시쯤 반둥에 도착했지요. 이곳은 고원지대라 덥지도 않고, 한국의 늦여름 같아서 서늘한 편입니다. 대관령보다도 더 꼬불꼬불한 높은 언덕길을 거의 2시간 이상 달렸어요.

산 정상에서 인도네시아 음식을 먹었는데 고춧가루가 많고, 맛은 우리 것과 흡사해요. 생전 양고기는 처음 먹었는데 어찌나 비위가 상하는지, 억지로 먹었지요. 파자자란대학교의 책임자 히다야트 박사가 내가 묵은 호텔로 찾아와서 인사를 나누었고 명일 아침 이곳 총장을 방문하며, 1시에는 총장 오찬 대접을 받으며, 밤 12시까지 주지사, 대학장 등과 계속 초청 만찬회 등이 있어요.

13일에 '남태평양'이라는 영화에 나오는 발리 섬으로 가서 하루 동안 관광을 하면 이곳 스케줄은 다 끝나고, 15일쯤에 곧바로 동경으로 떠날 예정이오. 반둥 기후는 한국과 같아서 머리가 띵한 것은 없어졌어요. 이곳에서 리오 호텔을 경영하는 중국인의 저녁 초대를 받았는데 중국음식이 그렇게 맛있을 수가 없었어요. 미스터 룽은 단번에 친해질 수 있을 것 같아요.

앞으로 이곳에 있는 국립대학과 사립대학 두 대학과 자매결연에 대한 협약을 마치면 새마을운동을 수출하고 국위를 빛낼 수 있는 좋은 기회가 될 거라고 생각해요.

이곳까지 오는 데 안내해준 사람은 수토토 씨인데 영어도 잘하고 꼭 김OO 박사처럼 뚱뚱하고 호탕해요. 회교를 믿기 때문에 술을 마시지 않아서 매우 좋아요.

앞으로 우리 대학의 발전 추세에 따라 동남아에 있는 대학들과도 많은 교류를 해야 할 필요성을 느껴요.

잠시 국외에 나와서 바람을 쐰다고는 하지만, 당신이 그리운 것과 보고 싶은 것은 조금도 변함이 없고 새로운 사람들을 처음 만나니 긴장되고 지치는 일도 많아요. 여행 이틀째인데도 속히 귀국하고 싶은 생각이 간절할 뿐이지요.

4월에는 서독에 가고 6월에는 공산권인 루마니아에 가는 등 여행 스케줄이 꽉 차 있으니 몸 건강을 철저히 해야겠어요. 당신도 6월까지 공부하고 여름쯤에는 돌아왔으면 좋겠어요. 혼자 지내기에 1년은 너무 길어요. 그러나 당신을 위한 일이라면 좀 더 참고 견디어야 되겠지요.

안녕! 동경서 당신 생활비로 1,000달러를 부치겠어요.

당신의 남편으로부터

1981년 2월 9일 반둥에서

자카르타에서
즉흥적인 영어연설을 많이 했어요

호성 어머니에게

오늘 반둥 시에 있는 파자자란국립대학교 총장실에서 오전 10시 반에 자매결연협정서에 사인함으로써 이곳에서의 공식 일정을 완료했지요. 9일부터 시작된 일이 끝나므로 긴장은 풀렸지만, 여간 피곤하지 않았어요.

어제는 자동차로 스리랑카대학을 방문하러 갔는데, 아침 7시에 출발해 저녁 6시 반에 돌아왔지요. 자동차를 탄 시간만 무려 7시간이었어요. 오늘은 우리를 안내해서 간 사람의 친척이 벤츠 자동차를 내주었는데, 자카르타까지 4시간 이상이 걸렸지요. 너무 융숭한 대접을 받았으며, 이곳 사람들의 인정이 꼭 우리 농촌 사람들의 인심처럼 소박하고 친절해요.

자매대학이 된 이 대학은 학생 수가 약 1만 2,000명이고 교직원만 약 1,000명이 되는 훌륭한 대학이며, 영어도 잘해요. 대부분 미국과 영국에서 공부한 사람들이 많아요. 4월 중순경 이곳 총장과 몇몇 학장급이 서울을 방문하기로 했어요. 내가 독일서 일을 마치고 4월 15일경에 귀국하면 되니까 별일 없을 것이오. 매일 점심과 저녁을 푸짐한 음식으로 대접을 받았는데, 피곤하면서도 잘 먹어서 살이 좀 찐 것 같아요.

오늘 오후 4시에 이곳에 도착해서 여장을 풀자마자 당신이 보고 싶어서 펜을 들었지요. 내일은 발리 섬에 가는데 비행기로 약 1시간 반가량 걸린대요. 그곳에서 2일간 머물고 동경으로 떠나서 곧 한국으로 갈 것입니다. 동경서 하루나 이틀 쉬었다가 집으로 가겠어요.

동경서 미국으로 직행해서 당신을 만나면 얼마나 좋을까요. 당신이 없는 서울로 가는 것은 아무런 뜻이 없으며 전에 외국에 왔다가 서울로 돌아갈 때는 그처럼 기쁨과 설렘이 있었건만 당신 없는 서울로 돌아가는 길은 쓸쓸함이 앞길을 막는 것 같아요.

이번에 즉흥적인 영어연설을 많이 했어요. 이번 자매결연을 통해 우리 대학의 교세도 많이 커졌다는 것을 느끼며 자부심을 갖게 되었어요. 이 나라는 자연자원이 풍부한 나라지요. 석유, 원목 등 참으로 가능성이 많은 나라입니다. 앞으로 10년을 내다보고 이 대학과 관계를 맺었어요.

그동안 당신은 2개월이 넘도록 그곳에서 영어를 하느라고 고생했겠지요. 동경에 도착하는 대로 당신에게 생활비를 부치겠어요. 우선 1,000달러만 부치지요. 호성이 편으로 송금한 금액 중 1,000달러를 당신에게 보내라고 했으니까 당분간은 생활비에 어려움이 없으리라 믿으며, 당신이 자동차를 샀다기에 기정이 어머님 편으로 차값을 보냈으니 용돈에 궁색함이 없으리라 믿어요.

나는 이곳에 와서 돈 쓸 일이 없었어요. 숙박비는 이곳 대학에서 전부 부담했고 술도 마시지 않으니 돈 쓸 곳이 있어야지요.

이곳 자매대학의 건물은 남방식이라 특색이 있으며 과거 식민지였던 탓으로 구라파풍이 많아요. 국민 대부분이 이슬람 교인이라 술도 먹지 않으며, 돼지고기는 절대로 먹지 않아요. 이곳 유지 가운데는 부인을 몇 사람씩 데리고 사는 사람도 있지만 교수들은 서방의 교육을 받은 사람이라 일부일처주의자들입니다.

특히 눈에 띄는 것은 여성 교수가 많은 편이라는 것이에요. 나의 피부색은 이곳에서 매우 하얀 편에 속하지요. 내가 혼자 (부인 없이) 간 탓인지, 부부 동석 파티는 전혀 없었어요. 설사 당신과 함께 왔다 해도 이곳 사람들의 습관상 부인을 데리고 나오는 사람은 결코 없을 것 같아요. 그러나 이곳 여성들은 활달하고 개방되었으며, 교육받은 여성들이 사회와 대학에서 많이 활약하고 있지요.

계숙이는 귀국하는 대로 일본이나 대만으로 유학을 보낼 생각인데, 가급적 일본에 있는 중국어과로 보낼 생각이오. 물론 계숙이와 협의해서 할 생각이오.

이제 용석이도 태어난 지 한 달이 되었으니 많이 달라졌겠지요. 보고 싶지만 하는 수 없지요. 한 달에 한 번 정도 사진을 찍어서 보내라고 해요. 무료한 시간, 당신에게 편지를 쓰면서 쓸쓸한 마음을 달래봤지요. 몸조심하고 건강에 유념하기를 부탁하오.

안녕!

자카르타에서 당신의 남편으로부터

1981년 2월 13일 저녁 6시 반

전체 교수연수회를 했어요

호성 어머니에게

그동안 건강하였소. 공부하는 데 피곤하지는 않은지요. 나는 귀국하는 날부터 몸살이 났지요. 30도가 넘는 더위와 긴장으로 10일간 시달리다가 일본에 도착하니 눈이 막 오고 갑자기 추워지고 피로가 덮치는 바람에 몸살이 난 것 같아요. 장 학장은 독감에 걸려 며칠 앓아눕는 형편이 되었지요. 김포공항에 도착하자마자 출근했고, 그날 저녁과 그 이튿날 아침, 점심도 굶고 저녁 7시까지 근무했지요. 산적된 결재와 회의 때문에 굶은 몸으로 그날따라 화장실에 한 번도 가지 못한 채 일을 마쳤지요.

오늘은 도고 호텔에서 전체 교수연수회를 하고 있어요. 약 270명의 교수가 한 자리에 모이니 큰 가족입니다. 호텔 전체를 점령하고 있지요. 나는 내 집에 와서 잠을 자고 있습니다. 호텔보다는 내 집이 더욱 좋은 걸요. 귀국하는 날은 몸은 아팠지만 집에 당신의 편지가 두 통 와 있었고, 호성이 편지도 한 통 와 있어서 위안을 받았어요. 약보다 더 반가운 것이 나를 반겨준 듯해요. 아이들 사진과 손자 녀석의 사진을 보니 참으로 대견스럽고 기뻤어요.

용석이 녀석이 목욕하고 나서 앙앙 울어대는 사진을 보니 달려가서 안아주고 싶은 생각이 왈칵 일어납디다. 몸이 아픈 탓으로 그날은 홀로 안방에서 잤지요. 어제는 침대방으로 갔어요. 10여 일간 텅 빈 방이었는데 어찌나 방안이 쓸쓸한지. 이 쓸쓸한 방에서 2개월 동안 홀로 지낸 생각을 하니 지난 2개월간이 악몽 같았어요. 앞으로도 악몽과 고독에 시달려야 하는지 앞이 답답할 뿐이지요.

그러나 당신을 영원히 사랑하고 있기에, 당신의 인생이 나의 행복보다 더욱 소중하기 때문에 당신의 발전과 생활의 보람을 위해 나는 몇 날이고 몇 달이고 악몽과 고독을 이겨낼 수 있을 것입니다. 조금도 걱정 말고 학업에 열중하여야 하오.

계숙이와 혜림이가 성의껏 내 시중을 들어주고 있으며 식당이 춥다고 조석으로 밥상을 안방으로 가져오며, 계숙이가 직접 내가 좋아하는 반찬을 만들지요. 내 시중뿐만 아니라 내가 잠자리에 들기 전까지 내 방에서 지내다가 잘 시간이 되어서야 자기 방으로 가곤 합니다. 아이들이 참으로 고마워요.

내가 무척 쓸쓸해하는 표정이면, 엄마가 빨리 와야 하는데 하고 혼자 말을 하기도 해요. 그럴 때마다 나는 아무런 대꾸도 하지 않지요. 외롭지 않다는 독한 의지를 보여서 엄마를 불러오지 못하도록 하기 위해서지요. 벌써 12시가 되는구려. 호성이에게도 답장을 써야 하기에 이만 끝을 맺겠소.

안녕!

당신의 남편으로부터

1981년 2월 20일 밤 12시

당신과 손자를 보고 싶은 마음에

호성 어머니에게

도고에서 아침 일찍 떠나 학교로 출근해서 종일 일과 사람에 시달렸습니다. OO가 3월 13일에 일본 메이지대학으로 연구차 떠나게 되어 OO 내외, OO, 계숙이와 다섯 명이 워커힐에서 저녁을 함께 했어요. 혜림이는 저녁에 토플시험 공부 때문에 학원에 나가고 있으며 계숙이도 낮에 학원에 가서 일본어를 공부하고 있어요.

첼라가 학생들과 캐나다에 간다면 당신도 경험 삼아 가는 것이 좋겠어요. 그러나 미국 재입국 비자를 가지고 가야 할 것 같구려. 당신은 8월 말까지는 그곳에서 공부하든지 또는 가을학기까지 공부해도 돼요.

나의 고생은 참고 견디면 되겠지요. 용석이는 좀 더 큰 다음, 백일이 훨씬 지난 다음 그곳에서 여권을 만들어서 데리고 와야 하지 않겠소. 아이들의 장래와 학업을 위해서는 우리들이 희생하고 고생하더라도 손자를 데리고 와야 할 것 같아요. 당신이 귀국할 때 데리고 오면 되겠지요.

호성이 장모님이 뉴욕에 가신다면 주말을 이용해서 당신도 함께 가는 것이 좋겠고, 여OO 상무 처제한테 연락해서 안내를 받도록 하는 것이 좋겠죠. 이OO 교수께서 구라파에 다녀온 것처럼 당신도 남웅이한테 여름방학 중에 다녀오는 것도 좋은데, 그렇다면 비행기표를 수정해야 할 것 같소. 뉴욕에서 프랑크푸르트까지 직행하는 비행기가 있으니 서독에 갔다가 미국으로 와서 손자를 데리고 오는 것이 좋겠지요. 손자를 데리고 올 때는 내가 매우 마음이 상쾌할 것 같아요. 당신과 손자를 보고 싶은 마음에 잠도 잘 못 자고 있어요.

미세스 첼라가 한국에 오고 싶다면 8월 말경 당신과 함께 오면 되겠지요. 영어는 대학에서 잘 가르치겠지요. 나는 3월 26일경 서울을 떠나 서독으로 직행할 생각이며 서독에서 공무를 마친 다음 미국에는 4월 10일경 도착할 예정으로 계획하고 있어요. 미국에는 며칠밖에 머물 수 없을 것 같아요. 왜냐하면 한국에 일이 너무 많아서 공무가 아닌 일로는 잠시도 다른 곳에 머물 수 없으며, 특히 4월 15일경 인도네시아 자매대학의 총장 일행이 우리나라를 공식 방문하기 때문에 곧바로 귀국해야 할 사정입니다.

그동안 호성이 학업 진도는 어찌 되었으며, 성적은 어떠한지 궁금합니다. 계림이와 남응이는 곧 기숙사로 이전한다고 해요. 그렇게 되면 계숙이가 한결 고생을 덜 것 같고, 방값도 훨씬 싸게 들 것 같아요.

3월부터는 〈서울신문〉 '고임돌'에 수필을 쓰기 시작했으며, 외국에 다녀온 후부터는 공부하는 데 시간을 더 할애해야 할 것 같아요. 당신은 독본을 많이 읽고 단어와 숙어 공부에 주력하면 한결 표현이 수월해지겠지요. 가급적 시간을 절약해서 공부하는 데 힘쓰도록 해요. 오늘은 이만 줄이겠어요.

안녕!

당신의 남편

1981년 3월 9일 새벽 12시 반

영어회화와 독해에 주력하세요

호성 어머니에게

어제는 천안에 출근했다가 도고에서 저녁을 지냈지요. 오늘은 일요일이라 집에서 차분히 책을 볼 수 있었지요. 어제는 비가 왔는데 오늘은 바람이 불고, 꽃샘추위라 밖에서 활동할 수가 없었어요. 오늘은 당진에서 김OO 박사가 합동정견 발표를 한다고 해서 장OO 학장 내외분, 조OO 교수 내외와 김OO 교수 내외분이 그곳에 가는 도중 우리 집에 잠시 들러서 차를 마시고 당진으로 가셨지요.

나는 신문에 글을 써야 할 것도 있고 해서 가지 못했어요. 당신은 매일 영어를 사용하고 있으니, 본인은 모르지만 진도가 있을 것으로 믿소. 이왕 외국에 갔으니 내가 고생스럽다 해도 당신에게 백번 양보해서 당신의 공부에 지장을 주고 싶지 않아요. 1년이라는 세월이 길다면 길고 짧다면 짧지만, 당신이 없는 하루는 1년보다도 더 길어요. 하지만 꾹 참고 1년을 기다리겠어요.

내 생각 같아서는 시큐로 총장 내외분이 방한할 때 당신은 먼저 아기를 데리고 오면 되겠지요. 학교에서 공부하는 수속을 완료하고 여권도 연장해놓고 미국 재입국 비자를 발급받아 한국서 좀 쉬었다가 9월 학기에 다시 오레곤대학에 가서 공부해요.

9월에서 12월까지 공부를 마치고 난 다음에 여권 연장은 그때 형편에 따라서 하도록 하십시다. 혜림이도 조기유학을 권장하고 싶은데, 영어는 최대한 2년은 해야 되겠지만, 혜림이가 열심히 공부하고 있으니 명년 9월 학기에는 미국에 가서 공부할 수 있지 않을까 싶어요. 지금 당장 당신이 이곳에서 교수 생활을 할 수 없으니 약 2년간 회화와 원서해독에 주력한다면 영어실력이 상당히 향상될 것이라고 생각합니다.

지금 나는 행정에 많은 시간을 빼앗기고 있기 때문에 공부다운 공부도 못하고 있지만, 주로 외국어 책을 보는 데 틈을 이용하고 있어요. 도고의 밤은 고요하군요.

안녕!

도고에서 당신의 남편으로부터

1981년 3월 15일 밤 8시 20분

당신의 귀국에 대비해 만전을 기하겠어요

호성 어머니에게

귀국한 지도 벌써 일주일이 되는구려. 그동안 당신의 건강은 어떠한지 궁금하구려. 미국서 당신과의 생활은 비록 짧았지만, 매우 행복한 시간이었으며 아울러 추억에 남는 생활이었지요. 귀국 후 김포공항에서 학교로 직행하여 집무했으며, 지금껏 쉬지도 못하였던 탓으로 피로가 겹치고 몸살 증세가 생기기 시작해 명일부터 도고에 가서 휴식을 취할까 합니다.

당신의 귀국에 대비해서 자동차를 샀으며 당신의 마음에 드는 은색으로 결정했어요. 중형차로 성능도 좋을 것이며, 당신이 오기 전에 운전수도 채용토록 하겠습니다. 아울러 용석의 보모도 채용해 모든 준비를 완료하겠으며 유모차도 사놓겠어요. 안심하고 귀국하기를 고대하겠어요. 짐은 가급적 선편이나 항공편으로 보내고, 당신은 손자와 손가방만 가지고 오면 되지요.

용석이는 의사와 상의해서 잠자는 약을 가볍게 먹여서 비행기를 타고 와야지 그렇지 않으면 비행기 안에서 마구 울어대 승객들에게 큰 불편을 줄 뿐만 아니라, 당신도 큰 고생을 하게 될 것이니 잘 기억해두었다가 꼭 의사의 처방으로 약을 짓도록 해요.

그동안 신세진 분들에게 인사와 감사의 뜻을 정중히 전하고 떠나오기를 바라오. 당신에게 참으로 오래간만에 쓰는 편지라 매우 서툴러진 것 같소.

안녕!

호성 부

1981년 4월 22일

당신과의 도고 생활을 기대합니다

호성 어머니에게

당신의 편지를 받은 날은 몸이 피곤하고 밤이 깊어도 반드시 답장을 써야만 잠이 오나 봅니다.

근일에는 계속 외국에서 온 귀빈을 맞이하느라 외식을 많이 해 몸도 피곤하고 소화도 좋지 않아요. 오늘은 인도네시아의 파자자란대학 총장 내외를 비롯한 일행 7명이 도착했어요. 저녁 만찬이 있었는데, 당신이 없으니 매우 싱겁게 되었어요. 낮에는 체육회 간부들과 국회의원 여러 분과 점심을 함께했는데 모두 당신이 언제 귀국하느냐고 물어봐요.

그중에는 당신을 아는 분이 많이 있었어요. 인도네시아 분들이 21일에 돌아가면 6월 5일에 일본서 18명의 재계 인사들이 대학을 찾게 됩니다.

당신도 귀국할 때 가능한 한 짐은 적게 가지고 와야 하며, 선물은 가급적 값싼 것으로 조금 가지고 와야 합니다. 사회 인사들은 선물을 거의 안 가지고 귀국한다는 사실을 명심해두어야 합니다.

당신이 귀국하면 가급적 도고의 시골집에서 생활하는 것이 건강에 이로울 것입니다. 시골서 자전거를 배워서 타면 건강도 좋아지고 몸매도 날씬해질 뿐만 아니라 시골에 취미도 붙게 돼요. 나는 며칠만 시골집에 가 있으면 체중이 늘고, 서울에 와 있으면 식욕이 감퇴합니다. 신선한 공기가 얼마나 건강에 좋은가를 이제야 체험하고 있어요.

이제 우리 부부도 중년이 되었으니 시간을 아껴 써야 하며 비생산적인 대인관계는 피하고, 독서하고, 운동하고, 남을 돕는 일에 힘을 쏟아야 합니다. 이제 당신이야말로 시골에서 여성 계몽운동을 해야 되지 않을까 합니다. 손자도 서울서 키우는 것보다는 시골서 키우는 것이 어린애의 건강에도 좋을 듯합니다.

이제 당신이 귀국하는 날이 가까워지니 당신한테서 편지 받는 재미도 줄어들 것이며 또한 내가 편지 쓰는 즐거움도 사라질 것이니 하루의 즐거운 일거리가 없어지는 것 같아서 한편으론 서운해요.

계숙이도 당신이 와야 혼사 자리가 날 것 같으며, 또한 7일경에는 계숙이도 유학을 떠나게 될 것 같습니다. 당신의 이력서는 전문대학 가정과로 보내기로 했으며, 한 달에 한 번 내지 두 번 특강하게 되었어요. 경우에 따라서는 일주일에 한 번 나가게 될 것 같아요. 물론 서양요리를 하게 되지요. 아무쪼록 건강한 몸으로 귀국하고, 속히 돌아오기를 기다리겠소.

안녕!

호성 부

1981년 5월 18일

당신의 내조가 그리워요

호성 모에게

그동안 잘 지내고 있었는지 또한 당신의 건강이 좋았는지 궁금하구려. 나는 한동안 건강했다가 점심에 생선회를 먹은 것이 탈이 나서 이틀 동안 혼이 났지요. 그동안 격무에 시달리고 휴식할 틈이 없는 데다 각종 회의와 외국 귀빈을 접대하거나 초대받아 가느라 바쁜 시간이 계속되어 위장이 쉴 틈이 없었던 것 같아요.

몸은 아픈데 주례시간이 되어 죽는 마음으로 주례를 서고 주례사는 생략한 채 차에 쓰러져서 도고 집으로 갔지요. 저녁 때 김OO 박사 가족이 오기로 되어 있어 아픈 몸으로 시골집에 갔지요. 주말에는 무슨 일이 있어도 도고 시골집에는 꼭 갑니다. 신선한 공기가 소화에 얼마나 좋은지를 알았지요. 당신도 웬만하면 도고에서 시간을 보내면 건강한 여생을 가질 수 있을 것이오.

당신의 귀국 후 건강을 위해 우리 부부 모두 워커힐 헬스클럽에 회원가입을 해놨지요. 수영과 테니스도 할 수 있으니 건강관리에 신경을 쓸 수 있을 것입니다.

나는 공무에 시달리느라 정기적인 운동을 하지 못하지만, 당신은 꼭 운동을 해야 하며 영양도 고루 섭취해야 합니다. 사람들과 불필요한 잡담으로 시간을 낭비하는 여성들을 볼 때 참으로 한심해요. 집에서 살림하고 여가를 선용해서 독서하며 손자를 잘 키우는 일이 당신의 일이 아니겠소.

주부의 내조야말로 남편의 정신건강에 절대적으로 필요한 것 같아요. 그동안 아이들이 정성껏 내 시중을 들어주었지만, 애들도 학교에 가랴 숙제하랴 바쁜 생활이 있으니 무식하고 교양 없는, 더구나 정성이 깃들지 않은 가정부의 시중을 받고 생활해온 나의 불편함은 이루 형용할 수 없는 반 홀아비 생활에 비할 바가 못 됩니다. 당신을 위해 그동안 불편함을 꾹 참아왔지만, 당신이 귀국할 날이 다가오니 심정을 좀 털어놓는 것입니다.

아마 이 편지는 5월 말일이나 6월 초에 그곳에 도착할 듯하니 다음 편지는 호성이 주소로 보내겠으며 아마 이 편지가 애슐랜드에서 받는 나의 마지막 편지가 될 것입니다.

시큐로 총장과 사워즈 총장에게도 안부 편지를 썼지요. 머지않아서 독일에서 손님들이 올 것입니다. 그러면 또 바빠지겠지요. 7월 중순에는 선수들과 임원들을 인솔하여 해외여행을 가게 되니

고달픈 반 년이 쑥 지나가는 듯합니다. 반상회 때문에 잠시 나갔다 와야 합니다. 반상회에 나가보니 거의 주부들만 참석하여 쑥스러운 감이 들더군요.

아마 다음 편지는 호성이 주소로 가게 될 것이오. 계숙이는 8월경에는 대만으로 갈 것 같구려. 당신이 귀국한 후라 나는 그리 신경 쓰지 않아도 되리라 믿습니다. 근일에도 심심치 않게 원고 청탁이 들어와 공부다운 공부는 할 수가 없고, 자주 잡문만 쓰게 되니 한편 생각하면 시간낭비인 것 같아요. 속히 당신이 귀국해서 가정생활이 안정되어야 공부도 할 마음이 생길 것 같구려. 그러면 오늘은 늦은 듯하니 이만 펜을 놓겠어요.

안녕!

호성 부 씀

1981년 5월 25일

가족에 대한 희생적 봉사가 나의 행복이오

호성 어머니에게

새벽 12시 40분, 온 세상이 어둠과 적막에 파묻혀서 죽음처럼 고요한데 당신과의 추억을 더듬느라 밤새는 줄도 모르고 분주히 시공을 헤매고 있어요. 마지막 편지라고 생각하고 보낸 지 며칠이 지났는데도 당신의 귀국 날짜가 거듭 연기되니 편지라도 쓰면서 당신이 당도하는 그날까지의 지루한 마음을 달래볼까 하오.

나는 명일 도고 집에서 〈샘터〉라는 잡지에 기고할 글을 써야 하겠기에 또 분주한 하루를 보내야 할 것 같아요. 남웅이한테 돈을 보내랴, 계숙이 하기학교 비용을 보내랴 바쁘구려. 당신이 없는 동안 내가 써야 할 용돈의 여유는 없구려. 아내를 위해서 아이들을 위해서 부지런히 절약하고 저축해서 뒷받침을 해야 되겠기에 힘에 겨우면서도 가족을 위해서 봉사하는 것이 매우 즐겁고 행복합니다.

하지만 가족만을 위해서 봉사하는 것은 너무 이기적인 것 같고 내 자신이 매우 치사한 놈 같아요. 이제는 사회와 이웃을 위해서도 봉사하는 보람 있는 삶이 될 것이오. 마을도서관을 지어주기 위해서 땅 100평을 희사했어요. 여기다 내 호를 따서 '중재도서실'이라 꾸미겠어요. 건평 20평 정도로 지을까 합니다.

일간신문에 루마니아 유니버시아드대회에 참여하는 선수단의 단장으로 내 이름이 났으니 당신이 귀국하면 나는 곧 떠나야 될 것이오. 참으로 6개월이 빨리 지나가는구려. 그러나 6월 19일까지는 대단히 지루할 것 같소.

우리가 만난 지도 어언 30년이 가까워집니다. 기나긴 앞날을 어떻게 꾸며갈까 생각했는데 어느덧 아이들이 성인이 되어 결혼하고 손자까지 태어났으니 결혼생활을 한 것만큼 더 산다 해도 인생은 그리 긴 것이 아니고, 금방 여생이 지날 것만 같아요.

삶은 곧 고생이지만, 나는 연애시절에 당신에게 마음으로 약속한 일들과 생각을 하나하나 실천하면서 생활하고 있어요. 아이들에 대해서도 그렇고 직장과 국가에 대해서도 돌아가신 부모님에 대한 마음의 약속을 어김없이 지킬 것입니다.

부부의 일생 중 남편으로서 아내에 대한 사랑의 약속이란 대단히 중요한 것입니다. 사랑의 약속을 지키지 않으면 생활의 모든 부분이 흐트러지고 말 것이며 그렇게 되면 인생은 쑥밭이 되며 사회에 대해서도 한 인간으로서 제구실을 못하고 말 것입니다. 지금 내가 성실하게 사는 것은 사랑의 다짐과 약속을 조금도 흐트러지지 않게 지키고 살아왔기 때문입니다.

며느리와 손자에 대해서도 나는 나의 사랑의 약속을 지키고, 내 새 가족을 위해 내 목숨을 바쳐서라도 봉사할 것입니다. 사랑하는 가족의 행복을 지키기 위해서 희생적 봉사를 하는 것이 곧 나의 행복이라고 생각해요.

편지를 쓰다 잠시 멈추고 새벽 3시가 넘도록 책을 읽다가, 잠시 눈을 붙이고 아침에 일어나는 길로 다시 펜을 잡았어요. 용석이놈은 한창 옹알거리겠지요. 할아버지인 내 곁에서 성장하는 것도 어느 면에서 그놈의 장래를 위해서 좋을 듯해요. 한편 며느리와 아기의 정을 갈라놓는 것 같아서 마음 한구석이 개운치 않지만, 며늘아기를 공부시키기 위해서는 아기를 데려오는 것이 상책이오.

당신도 참 좋은 부모에, 착한 시어머니요. 또 항상 나한테는 좋은 아내요. 6월 15일쯤 귀국한다고 해서 모든 것을 그날에 맞춰놨는데 4일간 더 연장해놓으니 이제는 지칠 것 같아요. 하는 수 없지 하고 체념하다가도 은근히 화가 치미는구려.

호성 부

1981년 6월 7일

나의 편지는 당신만을 위해 살아온 지아비의 삶의 발자취

호성 어머니에게

당신이 지금 서울에 있지 않고 미국에 있었다면 나는 이 시골집에서 유익한 시간을 보내지 못했을 것이외다. 왜냐하면 미국에 있는 당신만 생각하느라고 고독한 감정에 사로잡혀 아무것도 하지 못했을 것이기 때문이오. 그러나 당신이 서울에 있는 동안은 마음이 든든하니까 마음껏 공부할 수 있고 실컷 책을 읽을 수가 있으며 음악 연습도 잘 할 수 있지요.

근 30년 동안 부부생활을 해왔지만 결혼 초나 지금이나 당신에 대한 내 마음은 항상 젊고, 또한 내 생명이 귀중하듯 당신의 행복과 인생에 대한 큰 책임을 내가 지고 있다고 늘 생각하고 있어요. 따라서 우리의 가정에서 당신과 나의 애정이 우리 인생의 모든 원천이 되는 것을 굳게 믿고 있지요.

우리가 서로 믿고 사랑하고 소중히 생각함으로써 우리의 아들딸들이 선량한 인간으로 성장하고 있는 것입니다. 또한 내가 나의 직장을 위해서 열심히 일할 수 있는 것은 당신을 책임지고 당신의 행복을 죽는 날까지 지켜야 한다는 남편으로서의 사명감 때문입니다. 자기의 아내에게 책임을 다할 줄도 모르면서 남을 위해서 책임을 다한다는 것은 참으로 위선적 논리라고 생각하오.

나는 어떤 욕망이 치솟는다 해도 당신을 불행하게 하는 욕망은 단 한 가지도 받아들일 수 없다고 믿고 있지요. 만약 아내가 싫어하는 일을 내가 즐긴다면 나야말로 잔인한 인간이라고 생각해요. 큰아들 큰딸이 결혼하고 머지않은 장래에 나머지 딸이 출산하면, 이제 당신과 나뿐이오. 이제 우리가 천수를 누리고 산들 20년이 고작일지, 30년이 될지 알 수 없는 일이오.

당신을 위해서 내 몸을 건강히 유지하고 보다 많은 활동과 사회적 봉사를 하고 당신의 행복을 지켜야 한다는 생각이 더욱 간절해지는 것이오. 아마 남성적이고 대장부답다고 자랑하는 한국적 전형적인 남성이 나를 볼 때는 엄처시하에 사는 졸장부 같은 놈이라 생각하겠지만 만약 나의 부부관을 욕하는 놈이 있다면 그놈이야말로 이기주의자이며 인정과 정서가 메마른 인간이 아닌가 생각해요.

들 건너 먼 산을 바라보면서 미국과 서독에 있는 아들딸을 생각하면서 그들이 부부간에 사이좋게 사는 것도 우리 부부의 사랑 때문이 아닌가 생각합니다. 그래서 이성간 교제를 하면서도 돈과 벼슬을 인간평가의 기준으로 삼고 있는 사람들을 볼 때 좀 불쌍한 생각이 들지요.

일기를 쓸까 하다가 이곳에 올 때마다 당신 앞에 글을 남기고 올라갈까 해요. 만약 내가 오늘이라도 죽는다면 이 글은 나의 유언장이 되며 죽는 순간까지 당신을 생각하면서 살아온 한 지아비의 삶의 발자취를 남기는 것도 되니까요.

할아범으로부터

1981년 12월 6일

혜림이는 파리 생활에 잘 적응하고 있어요

호성 어머니에게

그동안 당신이 편안했는지 궁금하구려. 서울에서 장장 21시간의 비행 끝에 파리에 도착하자마자 곧 다시 몽뻬리에로 비행해 옷을 갈아입을 사이도 없이 그곳 스케줄에 따라 4일간 고된 나날을 보냈구려.

무엇보다도 가장 고통스러운 일은 잠을 제대로 자지 못하고 몽뻬리에대학의 총장을 비롯하여 그곳 부총장과 각 단과대학장들과 개별적으로 회의하는 시간이 상당히 많았다는 것이오. 거기에서도 점심과 저녁만찬에 초대가 계속되었는데, 그곳 사람들의 식사 시간이 어찌나 길고 포도주와 샴페인이 계속 나오는지 질려버렸소이다.

이 대학은 세계에서 가장 오랜 역사를 가진 대학으로 무려 700년의 전통을 자랑하고 있으며, 총 학생 3만 명 중에 6,000여 명의 외국인 학생이 있다는 점이 무척 놀랍지요. 모든 것은 순조롭게 합의를 마쳤고 금년 9월부터 우리 대학의 학생을 보내기로 하였습니다. 아울러 이 대학 총장 내외분께서는 10월에 우리 대학을 방문키로 했습니다.

혜림이는 학교에 잘 나가고 있으며 2월에는 소르본느대학으로 옮길 것이며 건강하게 이곳 생활에 적응해가고 있어요. 백OO 사모님께서 혜림에게 어찌나 잘해주시는지 참으로 감사하게 생각해야 하오. 오늘 몽빼리에대학에서 공무를 마치고 파리에 왔으며 명일 아침 일찍 서독으로 가게 되었습니다. 오늘 점심은 혜림이와 함께 백 선생님 댁에서 했으며 저녁도 혜림이와 백 선생님 가족과 함께 하기로 했습니다.

시집간 계숙이는 잘 지내고 있는지 매우 궁금하구려. 나는 당신을 보지 못하고 21일에 아프리카로 가게 됩니다. 아무쪼록 건강에 유념하기 바라오. 잘 있어요.

파리에서 호성 부 씀

1984년 1월 15일

계림이는 무사히 출산했고 아기는 아주 예뻐요

호성 어머니에게

그동안 잘 지냈소. 오늘 가봉에서 모든 공무를 마치고 세네갈로 향하오. 가봉에서 환대를 받았고 무사히 일을 마쳤으니 귀국하고 싶은 심정뿐이오. 그러나 나에게는 아직도 세네갈대학 총장을 만나야 할 일이 있고 유고에서 개최되는 올림픽 회의에 참석해야 하기 때문에 10여 일은 더 객지 생활을 해야겠구려.

서독 마인츠대학에서 극진한 대접을 받은 이상으로 가봉에서는 너무 많은 배려를 해준 것 같아요. 특히 지방에 갈 때는 이 나라 대통령실에서 소형 제트 특별기를 내주어 우리 일행만 타고 다닐 수 있었고, 줄곧 이 나라에서 내준 벤츠로 공무를 보았으며, 왕복 비행기표도 1등석으로 부쳤다고 하오. 호텔 비용도 다 내주어서 많은 도움을 받았구려.

그리고 계림이는 출산을 했고, 병원에 가서 아기도 봤지요. 아주 예쁘게 생겼지요. 혜림이는 파리 생활에 잘 적응하는 것 같은데 백OO 부인께서 너무 수고가 많은신 것 같아요. 그리고 남웅이의 경우는 너무 시간이 없어서 쩔쩔매는 것 같은데 눈치로 봐서 당신이 오지 않았으면 하는 것 같아요. 더구나 계림이가 출산했는데 굳이 당신이 가야 할 이유도 없고 남들 보기도 좋지 않은 것 같아요. 내 생각으로도 당신이 유럽에 오지 않는 것이 여러 모로 좋을 듯하니 당신이 잘 생각해서 결정하도록 해요. 앞으로 여행에 몸이 견딜지 모르겠구려. 당신의 안녕을 빌며 오늘은 이만 줄이겠소.

가봉에서 호성 부 씀

1984년 1월 25일

고베 선수촌에서는 피로와 긴장의 연속이에요

호성 어머니에게

서울을 떠난 지 일주일이 지났으나 많은 세월이 흘러간 것 같구려. 그동안 당신은 편안했는지 또한 매일 운동하며 건강을 유지하고 있는지 궁금하구려. 나는 별고 없지만 피로함이 계속되니 24일에는 몸살이 좀 났었소. 매일 긴장된 생활이고 이 운동장 저 운동장으로 돌아다니다 보면 잠시 쉴 틈도 없으며 선수촌에서 잠시 쉴 틈이 생기면 방문객이 계속 찾아오니 긴장감이 계속될 수밖에 없구려.

아직도 10일을 더 머물 생각을 하니 학교 일도 궁금하고 또한 이번 대회에서 좋은 성적을 올려야 한다는 책임감 때문에 늘 초조하고 불안해요. 매일 12시(밤)쯤 자서 아침 6시경에 일어나니 잠이 부족하지요. 밖은 매우 더운 편이라 햇볕이 가장 견디기 힘들어요. 24일 입장식 때는 컨디션이 가장 나빴어요. 쓰러질 듯한 몸을 참고 견디어 무사히 넘겼어요. 지금은 매우 양호해졌으니 안심해요. 잠시 쉬는 틈을 이용해서 몇 자 써 보냅니다.

안녕!

선수촌에서 호성 부 씀

1985년 8월 26일

1971년과 1980년에 신동순은 남편의 배려와 학문에 대한 열정으로
미국 남오레곤주립대학으로 유학을 떠난다.
4부에는 신동순이 미국 유학시절 남편 장충식에게 보낸 편지가 담겨 있다.
이 당시의 편지에는 새로운 곳에서 공부하는 보람과 설렘,
남편과 가족들에 대한 걱정과 미안함이 곳곳에서 드러난다.
또한 자신을 걱정하는 남편을 안심시키는 한편
타국에서도 남편의 내조에 신경을 쓴다.
"나의 체면이나 당신의 체면에 조금도 손상이 되지 않도록
모든 몸가짐이나 행동에 일일이 조심하고 있으니 나를 믿고 안심하세요",
"당신을 정신적으로나마 돕지 못하고
객지에 나와 있으니 미안하기 그지없군요."와 같은 표현이 많이 나온다.
1981년 1월, 신동순과 함께 미국에서 유학 중이던 큰 아들 호성 내외가
아들 용석을 낳자 남편에게 아들 내외와 첫 손자 용석의 근황에 대해 자세히 전한다.

4부

고통의 시간 뒤에는 더 큰 행복이

신동순 1971.7.24~1981.5.12

그리운 당신에게
그저께 기숙사에 들러서 사진과 편지를 받고 어제는 편지가
없을것 같아 안들리고 오늘 들러서 당신 편지 2통. 모두
여섯. 기숙사에서 사진 Mrs Nicholson 부터 5통이나 한꺼번
에 받았어요 차례 차례 읽고 아침에 당신 편지를 읽었어요
당신 편지는 항상 눈물없이는 읽을 수가 없어요 당신의 생활이
나에게는 고맙고 행복하지만 너무 고통을 주고 있는것 같애요
사람은 너무 행복하면 눈물이 나온다지만 내겐 당신의 사랑이
너무 송구하고 죄라서 나는 눈물인것 같애요 당신 살아오
나는 받은줄만 알았지 주지는 못했으니. 이제 다시 만나면
당신한테 봉사하고 사랑하고 그이상의것도 할테니 기대해
보세요. 계령이 편지 어려나 우수운지 재미있게 상세히
가족들의 동태며 근황을 썼는데 특히 당신 편지는 단출
하게 쓰더나요. 너무 섭섭하대요. 계령이도 이제는 다 컸고
아이들도 말 잘 듣고 제일들에 충실하고 건강들 하다니
정말 기뻐요 당신도 몸무게가 늘었다니 참 다행이구요.
어제 저녁은 Thomas 목사댁에서 초대해주셨는데 저녁을 맛있게
먹고 특별히 오이김치까지 만들어서 오래간만에 한국음식을 먹었어요
호노루루에 김목사댁 주소를 그분들한테서 받아서 오늘 편지를
써서 부쳤어요 그동안 주소를 몰라서 인사도 못했었는데
두분이 잘 아시는 사이드군요.
지금 있는 댁에서 23일 저녁에는 Koch 씨 댁으로 가는데 좋기는
것이 조금 귀찮지만 이들의 생활과 식생활등을 다양하게
볼수있어서 더 좋은것 같애요 매일 매일 다른 menu로
식사를 하고 있기때문에 배우는것이 많고. 기숙사에 있을때
그렇게 풍부한 메뉴에도 입맛이 없더니 이댁에서는 아주 맛이 있어요.

미지의 세계, 미국으로 갈 날을 기다리며

유일한 당신에게!

동경에서 사흘째. 당신의 생활은 제가 있을 때와 달리 어떻게 변했을까. 오늘 늦잠을 자고 있었는데 배OO 사장님이 오셔서 10시경에 전화를 해달라고 하기에 무슨 일이 일어났는지 걱정했었어요.

지금 막 정OO 사모님 편에 혜림이와 약속한 대로 학용품을 조금 보냈어요. 다들 비행장에 나가셨고, 나는 체했는지 컨디션이 좋지 않아 배 사장님 댁에서 당신에게 편지나 쓰며 기다리기로 했어요. 사모님 편에 보낸 레인지(guo)는 순자의 결혼선물로 보내는 것입니다. 여기서는 제일 비싼 거죠. 그런데 경장이 결혼식도 잘 생각해서 식을 올려주도록 합시다. 레인지의 세금은 순자가 내기로 하고 부쳤으니 보관증은 순자에게 주셔도 됩니다.

동경에서의 일주일은 조금 지루하나 틈나는 대로 공부를 하며 지냅니다. 배 사장님이 주신 돈으로 쇼핑도 조금 했고 식료품을 사서 혜숙이와 둘이서 매일 맛있는 걸 만들어 먹고 있어요. 혜숙이는 지금 방학인데 초하루부터 직장에 나갑니다. 어디든지 같이 가고 같이 들어오고 꼭 함께 행동하고 있어요. 비록 멀리 떨어져 있는 타국이지만 내 든든한 아들딸들이 무럭무럭 자라 머지않은 장래에 생의 환희를 샘솟게 해줄 것이고, 진정으로 나를 아끼고 사랑해주는 당신이 엄연히 존재하고 있다는 생각만으로도 뿌듯한 행복감을 갖고 곧 미지의 세계인 미국으로 갈 날을 기다리며 생활하고 있습니다.

한편으론 제가 떠난 지금, 당신은 모든 것이 불편하고 아직 자리가 잡히지 않아 괴로워하고 있을 것만 같아서 당신에게 미안한 마음 금할 수가 없군요. 아이들과 당신의 건강과 행복을 빌며 다시 쓸 때까지 안녕.

당신의 동순

1971년 7월 24일

지금의 시간은 결코 헛되지 않을 거예요

당신에게

그동안 어떻게 지내셨어요. 아이들도 다 잘 있는지 퍽 궁금합니다. 지OO 선생님과 답사 가신다더니 잘 다녀오셨지요. 조OO 선생님께 보낸 편지는 잘 받았어요. 당신의 편지를 읽으며 눈물겨운 당신의 사랑에 고개 숙이면서 무한한 행복을 느낍니다만 그토록 쓸쓸해 보이는 당신이 한없이 가슴 아파요. 그 편지는 한 번에 읽지 못하고 몇 번만에야 다 읽었어요.

눈물이 나서 한 페이지를 다 읽지 못하고 핸드백에 도로 넣으니까 옆에서 혜숙이가 웃겨 죽겠다고 놀리는군요. 약한 듯하면서도 강하고 강한 듯하면서도 약한 당신. 당신의 편지를 보고는 모든 걸 팽개치고 당신 곁에서 당신의 사랑을 받으며 당신의 손발이 되어 드리러 가고 싶은 생각이 뭉클 솟아나나, 당신이 그것을 용납하고 기뻐해주지 않을 것이라 생각해요.

서로 장래의 든든한 삶의 기초를 다지기 위해 괴로움을 참아야 하며, 이 일이 결코 헛된 일이 안 될 것이고, 우리의 사랑도 더욱 굳어질 것이라 믿어요. 어제는 조OO 선생님 내외가 식사에 초대해 주셨고 오늘은 마OO 위원장이 봉정이라는 곳에 초대해서 저녁을 먹었는데 그분이 바빠서 나오지 못하고 사무국장이 나오셨더군요. 그분도 8월에 한국에 들어간다는군요.

제 생각으로는 여기 계신 분들에게 떠나기 전에 잠깐 들리거나 전화로 인사만 하고 그분들의 시간을 뺏거나 폐가 되는 일을 피하려 했는데 조 선생님이 모든 걸 앞장서서 알선해주시는군요. 김OO 선생님도 잠깐 만났습니다. 쇼핑이나 약속 이외의 시간에는 시장을 보아 음식을 준비하거나 될 수 있는 대로 미국 방송을 보거나 혹은 영어공부를 하고 있어요. 소형 트랜지스터를 하나 사고 녹음기도 하나 샀어요.

어머님이 모든 가사를 맡아 하셔서 안심이 되나 당신이 꼭 물가에 두고 온 어린애인 양 애처로워서 마음에 걸려요. 당신이 마음의 안정을 얻도록 당신의 건강을 빌겠어요.

당신의 동순

1971년 7월 25일

고통의 시간 뒤에는 더 큰 행복이

그리운 당신에게

여기는 호놀룰루. 결국 목적지인 미국 땅에 왔구나 하는 생각에 안도와 불안이 함께 뒤섞이지만 차분히 마음을 가라앉히고 당신에게 펜을 들었어요.

제가 떠나온 후 마음이 안정되지 않고 쓸쓸하게 지내고 있을 당신의 모습이 한없이 안타까워요. 당신은 저를 염려하지만 저는 주워지는 환경에서 성실히 그리고 보람 있는 시간을 갖겠어요. 타국에 있으니 역시 오직 혼자라는 생각에 지배되지만, 여기서 새로운 것들을 보고, 새로운 음식을 먹어보는 것만으로도 나의 소득은 절반 이상 얻은 것 같은 마음이에요.

김OO 목사와의 점심이나 방금 먹고 온 저녁(샌드위치)이나 내가 한국에서 가르치던 서양요리와 별로 차이가 없다는 생각에 더 만족이 됩니다.(앞으로는 잘 모르겠지만) 내일 아침은 민OO 여사와 쇼핑 약속이 있어요. 당신 말대로 모이는 정도로 끝일까 하지만, 모래는 정OO 박사의 집에 초대를 받았어요. 모두 모이겠답니다. 허번트 박사도 같이 갈 예정입니다.

한국을 떠나온 후 오늘 처음 한가하고 조용한 시간을 가졌기 때문에 (앞으로는 쭉 이렇겠지만) 마음도 무척 차분해져서 당신과 이렇게 대화할 수 있군요.

떠나온 지 채 10일도 못 되지만 굉장히 오래된 것 같고 아득히 먼 옛날 일만 같아요. 당신의 건강은 어떤지, 아이들에겐 무슨 일이나 없는지, 학교 일은 또 얼마나 당신의 머리를 아프게 할까 등 근심걱정이에요. 술은 당신 몸에 해로울 텐데, 매일 술을 한다니 얼마나 걱정이 되는지.

아무튼 매사를 당신에게 일임하고 떠나온 것은 무리한 면도 많지만, 저는 오직 당신을 믿기 때문에 중요한 가정과 당신 곁을 떠나서 공부하겠다고 이곳으로 왔어요. 무엇보다도 당신의 이해가 없이 이루어질 수 있는 일이라고 생각하지 않아요. 고통의 시간 뒤에는 반드시 더 큰 환희와 신뢰가 찾아와 더욱 행복해지리라고 기대하며, 저는 모든 크고 작은 고생도 참아갈 수 있다고 자신합니다.

여기 와서 아무에게도 편지를 쓰지 않았는데 오레곤에 가서 숙소가 정해지면 여러 분한테 쓰려고 합니다. 3일 후 토요일 10시 비행기로 여기를 떠난답니다. 당신 편지대로 미국에 오게 될 일은 어찌 되는지 궁금해요. 잘되어서 내년 안에 만날 수 있다면 얼마나 좋겠어요. 모든 것을 당신에게 맡길 테니 잘해보세요. 아무쪼록 몸 건강히 계세요.

모든 분께 안부전해주세요.

당신의 동순

1971년 7월 29일

감사와 함께 무거운 책임감을 느끼며

당신에게

여보, 내일 아침에 메드포드로 떠나서 오후에는 목적지인 오레곤에 갑니다. 내가 간다 해도 반길 사람은 없지만 얼른 목적지에 닿고 싶어요. 이렇게 할 일 없이 호텔에 묵으니 은근히 화도 나는구려.

어제는 일요일이라 전부 문을 닫았고 오늘 허버트(Harbart)와 같이 백화점에 갔는데 신통한 물건도 없는 것 같고, 스웨터가 없어 하나 샀는데 왜 그리 비싸요. 다른 것은 안 사기로 했어요. 어제는 이상하고 측은한 광경을 보았어요. 히피가 피리를 불면서 거리에서 깡통을 하나 놓고 구걸하는 것, 남녀 히피가 앉아서 손을 내밀며 구걸하는 것도 이색적이라 할까.

동경에서 받은 당신의 편지를 꺼내 읽으니 여전히 당신의 애절한 모습이 떠올라 눈물이 나는구려. 그래서 조금 읽다가 덮어버렸어요. 오직 좀 더 알고 싶고 조금이라도 사회에 공헌하고자 혹은 당신의 동반자로서 보조를 같이 해 당신에게 도움이 되고자 흔히들 실현할 수 없는 이 길을 택했으니 모든 것을 쉽게 떨쳐버리고 떠날 수 없지 않겠어요.

타국의 여행과 유학이 나에게는 분에 넘치지만 고생과 고독을 각오하며 이 길을 택했어요. 가정과 아이들을, 또 당신 혼자로는 너무나 짐이 무거운 학교를 온통 당신에게만 맡기고 떠나온 나의 마음도 결코 가볍지 않고 무겁기만 합니다.

그동안 시간 나는 대로 텔레비전에 귀를 기울이고 책을 읽었어요. 아마 이런 생활이 계속되겠지요.(아무도 나에게 관심을 두거나 신경을 쓰지 않고 말이 자유롭지 않으니까요. 또 지금 오레곤에 가도 서머스쿨도 거의 끝날 무렵이라니까요.) 떠날 때의 각오를 실천해서 다시 만날 때까지 고생을 낙으로 알고 체험하겠어요.

일본에서는 혜숙이가 밥과 김치 등을 챙겨주어 불편을 안 느꼈는데 여기서는 식욕을 잃어서 맛있는 게 없고 그저 힘을 내기 위해서 입에 넣고 있는 것 같아요. 음식값도 굉장히 비싸군요. 호놀룰루에서는 아침이 1달러로 족했는데 여기서는 2.90달러, 팁까지 3달러가 훨씬 넘어요. 굉장한 지출을 하고 있다는 생각에 더 책임감이 무거워지죠.

요새도 술을 드시나요. 몸에 나쁠 텐데. 오레곤에 도착하는 대로 또 쓰겠어요.

그럼, 안녕히 계세요.

당신의 동순

1971년8월 2일

마침내 목적지에 도착했어요

그리운 당신에게

마침내 목적지인 오레곤대학 기숙사에 짐을 풀었어요. 메드포드 비행장엔 휴즈 박사, 사워즈 여사, 바바라(Barbara) 여사 내외, 이OO 군 부인 등과 학생들도(한국) 나왔어요. 카메라맨도 나와 사진을 찍었어요. 짐을 찾는 동안 커피숍에 앉아 여러 얘기를 나누고 굉장히 친절하게 대해주어서 한편 흐뭇했어요.

휴즈 박사는 그때 당신이 사준 넥타이를 매고 나와서 이걸 기억하느냐고 묻지 않겠어요. 우리 집 얘기며 음식 등이 굉장히 좋았다는 말을 하면서 당신 칭찬도 잊지 않고 하더군요. 조크를 무척 좋아한다면서.

기숙사에 들어오니 방이 아주 깨끗하고 아담한데, 유리그릇에 간단한 과일과 화려한 꽃까지 꽂혀 있었어요. 만나는 사람마다 인사를 시켜주는 통에 이름을 기억할 수가 있어야지요. 점심은 중국집에서 앨리스와 다른 학생들과 같이 했는데 그중에 이화여고에

1년간 있었다는 대학생이 있어 반가웠어요. 한국말을 겨우 표현할 정도지만 신통하더군요.

홍OO 군은 며칠 안 있어 미국 여자와 결혼한답니다(그녀와 같이 기숙사에 왔어요.). 내일 저녁은 바하나 여사 댁에서 초대했는데 그녀가 사흘간 스케줄을 다 짜놓아서 일일이 응하려니 미안하고 그렇다고 거절할 수도 없어 정말 큰일이군요.

이제 목적지에 왔으니 여러 사람들한테 편지도 보내야겠고 책도 읽어야겠고 영어공부도 해야겠고 마음이 더 바빠지고 침착해지지 않아 이것도 손대보고 저것도 손대봅니다. 전화 받으랴 시간 맞춰 식당에 가랴 미국은 이래저래 바쁜 나라인가 봅니다.

아침식사는 7시부터니 일찍 일어나야 하고 말러(하우스 머더) 여사가 직접 안내해 기숙사 안에 있는 헤아릴 수 없는 많은 방들, 자동판매기, 세탁기, 오븐(각자가 요리를 만들어 먹을 수 있게), 굉장히 큰 키친 등 여러 가지를 보여주고 설명해주더군요. 아주 친절하게.

밤이 되니 옆방에서 늦게까지 타이프 소리가 울리는데, 통 잠이 올 것 같지 않고 혼자 있다는 사실에 생각이 미치면 조금 무서움증이 나곤 하지만 참아야겠어요. 이렇게 만리타국에 혼자 앉아 있자니 여러 가지 감개무량하고 당신과 아이들 생각이 가슴 속을 깊숙이 파고듭니다. 당신도 사서고생을 하고 나도 장래를 위해 고생을 일부러 샀으니 달게 받아야지요. 아무쪼록 건강에 주의하고 모든 것을 다 당신에게 맡겼으니 만날 때까지 안녕. 또 쓰겠어요.

당신의 동순

1971년 8월 3일

이곳은 더위가 기승을 부려요

그리운 당신에게

여기는 내가 오기 전에 2주 동안 굉장한 더위가 계속되었다고 하더니 어제오늘 화씨 109도까지 오르는 등 더위가 기승을 부려 찬물을 얼마나 마셨는지 몰라요. 오늘 이OO 군 부인 댁에서 저녁도 먹고 오래간만에 〈조선일보〉도 보았는데 태풍으로 모든 수영장을 폐쇄한다는 기사를 읽었어요. 매년 이맘때면 비나 태풍으로 많은 피해를 보았는데 올해도 피할 수가 없군요.

그동안 어머님께서도 살림을 맡아 해주시느라 고생하셨을 테고, 편지를 보니 당신도 옷 말리는 일을 하는 등 살림하랴 애들 교육 문제를 처리하랴 안팎으로 신경을 쓰니 미안한 마음 금할 수가 없구려. 저녁 후에, 내가 2주일 (만년필에 잉크가 다 떨어졌어요) 후 들어갈 메켄(초등학교 선생) 씨 댁에 가서 한국 얘기를 나누며 부부가 자녀들과 악기를 즐기며 노는 것을 보고는 우리 애들과 당신 생각을 했어요. 아버지와 딸이 아주 재미있게 놀더군요.

여기 와서 캐로라인이라는 여인과 자주 만나는데 나보다 키가 훨씬 크고 아주 명랑하고 좋은 여자예요. 그런데 오늘 들으니 남편과는 5년 동안이나 별거하고 있고 곧 이혼하게 될 거라네요. 그때 그녀의 표정이 얼마나 슬픈지 저의 가슴이 우울해지고 아프더군요. 자기는 다시 합치려고 노력하지만 남편이 노력하지 않는다는군요. 우리 사이는 이런 일이 있어서는 안 되어요.

이OO 군 내외도 이번 일요일에 엘에이로 떠나고 론(Ron) 박사 댁도 내일 떠났다가 약 2주 후에 돌아온답니다. 모두 휴가를 떠나고 저는 14일에 코크(Koch) 댁에 일주일간 머물려고 이사합니다.

계속 아스펜 홀(Aspen Hall)로 답장주세요. 여기서 가까우니까요. 오늘 2주일 기숙사비와 1주일 식대(그동안 외식을 많이 했다고 1주일 식대는 빼주었어요) 67달러를 냈어요. 꽤 비싼 것 같아요. 여기 와서 여러 곳에 편지하려 했는데 당신이 적어준 주소에도 아무 의미가 없을 것 같아서 하지 않고 있어요. 이사장과 교무처장 댁 외에는요. 아무쪼록 당신의 건강을 빌겠어요. 객지에 있으니 당신이 더 귀중하게 생각되어요. 안녕.

당신의 동순

1971년 8월 11일 12시

이곳 사람들에게 한국을 보여주고 싶어요

그리운 당신에게

어제는 당신에게 편지를 부치기 위해 학교 앞 우체통까지 나갔다 들어온 뒤 종일 방에서 책을 보거나 텔레비전을 보면서 지냈어요. 내가 있는 건물에는 서너 명만 남고 거의 휴가를 가버렸어요.

저녁에는 옆방 부인이 내일 떠난다면서 차로 시내에 가서 마실 것과 과일을 사가지고 와서 늦도록 얘기했어요. 어찌나 친절하면서도 수다스럽게 떠들어대는지 자기 집안 얘기도 스스럼 없이 해요. 한국에 대해 많이 알고 싶어 해서 한국에는 포도가 있느냐, 건포도도 있느냐, 무얼 먹느냐는 등을 물어보는데 대체로 한국에 대해 너무 모르고 있어서 섭섭하고 한국을 보여주고 싶어졌어요. 그들과 대화해보면 내가 서툴지만 자기 나라 말을 할 줄 알아서 그런지 굉장히 칭찬하며 대해줍디다.

어제는 처음으로 몸무게를 달아보았는데 거의 5~6 파운드가 줄었어요. 내가 몸무게가 줄었다고 했더니 옆방 부인이 행운이라면서 부러워하더군요. 그만큼 여기 여자들은 살찌는 것을 싫어해요. 커피에 설탕을 넣는 사람을 보지 못했어요. 그리고 한 가지 희소식은 위장병이 나았다는 거예요. 아침에도 편안하고 한 번도 체한 일이 없어요. 칼로리는 많아도 양이 적어 위에 부담이 없기 때문이에요. 우리 식생활도 밥과 김치의 양을 줄이고 칼로리가 많은 것으로 개선해야겠어요.

한국에서 생각했던 것보다는 김치나 밥 생각이 나지 않지만 진미를 모르고 먹고 있는 형편이지요. 마음대로 선택해서 먹기 때문에 별 고통은 없어요. 내일이면 메켄 씨 댁으로 이사 갑니다. 당장 쓸 것만 가지고 가고 겨울옷 같은 것은 장에 두고 잠가놓고 가기로 했어요. 내일 1시에 메드포드에서 홍OO의 결혼식이 있어 이OO 부인과 같이 가기로 했어요. 당신도 OO 결혼식 준비에 바쁘시겠어요. 그럼 또 쓰겠어요. 안녕.

당신의 동순

1971년 8월 14일

새로운 것을 배우며 잘 지내고 있어요

그리운 당신에게

어제는 홍OO 군의 결혼식이 교회에서 있었어요. 처음 보는 결혼식인데다 내가 홍 군의 가족대표 역할을 했어요. 큰일은 아니지만 들어갈 때와 나갈 때 에스코트를 받았고 리셉션에서는 친척들과 일일이 악수하는 것이 고역이었어요. 홍 군의 어머니 역할을 한 셈인데 홍 군도 굉장히 좋아하고 다행스럽게 생각해 퍽 흐뭇했어요. 결혼식에서 돌아오는 길로 메켄 씨 댁으로 트렁크와 텔레비전을 들고 이사했어요. 어찌나 고단했던지 저녁 후 바로 자느라 당신한테 편지 쓰려던 것을 못 쓰고 이제야 씁니다.

이 댁은 손OO 씨 부인의 소개로 왔는데 두 내외가 두 살짜리 사내아이를 키우면서 거의 동갑인 아이도 임시로 키워주고 있어서 아이가 둘이죠. 주인은 유전학을 전공하고 오레곤대학에 나가는데, 두 분 다 친절해요

오늘은 바나나 요리를 만들어서 맛있게 먹었어요. 점심을 먹고

가족들과 스키장까지 가서 잠깐 보고 내려왔는데, 산 위라서 꽤 추었어요. 이OO 군 내외는 오늘 친척 집에 간다고 전화를 했더군요. 학기가 시작할 무렵에나 온답니다. 여기는 기숙사에서 퍽 가까운 곳에 있는데, 자주 들를 수 있으니까 안심하고 아스펜으로 답장주기 바랍니다.

제가 떠나온 지 벌써 한 달이 가까워오는군요. 어떻게 보면 굉장히 기나긴 세월이었죠. 나는 그런 대로 내가 꿈꾸던 것을 실현하고 하나하나 배워나가는 재미로 모든 것을 극복할 수 있지만 당신은 어떻게 지내고 있나 항상 궁금하고 걱정스러워요. 공연히 당신을 양면으로 고생시키는 것 같아 퍽 죄송해요. 호성, 계림, 계숙, 혜림이 다 건강하고 공부 잘하고 잘 있는지요. 모든 게 다 궁금하고 걱정스러우나 꾹 참고 지냅니다. 저는 의외로 여기 사람들과 잘 어울려 지내니 걱정하지 마세요. 이것이 다 당신의 덕인 줄 알고 있어요.

아무쪼록 건강히 만날 때까지 안녕.

당신의 동순

1971년 8월 16일

당신의 사랑을 꼭 갚아드리겠어요

그리운 당신에게

오늘 캐로라인 부인과 만키네노(Mankineno) 부인과 같이 타운에서 점심을 하고 돌아오는 길에 기숙사 사무실에 들렀다 고대하던 당신의 편지와 은행에서 온 입금증명서를 받았어요. 차 안에서 그들과 같이 당신의 사진을 보고 돌아오자마자 당신의 편지를 읽으니 아무리 참으려 해도 눈물이 나와서 어쩔 수가 없군요. 당신의 변함없는 사랑을 확인할 때마다 나의 행복감은 절정에 달하고 당신의 고귀한 애정에 나의 머리가 숙여집니다.

당신의 편지를 읽을 때마다 나는 이 세상에서 가장 행복한 여자라고 자부하면서 이 편지를 쓰고 있어요. 당신이 내게 준 행복은 무한히 큰 것이고 한 여자를 이처럼 행복하게 해준다는 것은 당신의 폭넓은 노력과 인내와 함께 애정이 존재하기 때문이라는 것을 나도, 타인도 잘 알고 있어요. 당신의 사랑 앞에 나의 지난날을 반성하게 되는군요. 다시 만나는 날 당신을 한껏 행복하게 해주고 싶어져요. 당신이 지금 고생하는 것을 언제라도 꼭 갚아드리겠어요.

저는 이곳에서 보고 싶었던 요리를 직접 만들어보고, 먹어보고 하니 정말 기쁘고, 조금씩이라도 그들과 대화하면서 내 영어가 늘어가는 것이 이곳 생활의 기쁨이지요. 책을 보거나 그들과 대화하거나 그렇지 않으면 텔레비전을 보면서 듣기에 힘씁니다. 막대한 시간과 돈을 조금이라도 헛되이 쓰지 않도록 노력합니다.

어제 처음 혜숙이한테 소식을 전했어요. 그동안 편지한 데가 별로 없어요. 혜림이 생일에 친구가 안 와서 울었다니 정말 가슴이 아프군요. 내년에는 잘 차려서 친구들을 많이 불러 즐거운 생일이 되게 해야겠군요.

저는 이 댁에 와서 비로소 서양요리가 이렇게 맛있는 것인 줄 알게 되었어요. 이 집 주부가 요리도 퍽 잘하고, 규칙적으로 포식하지 않고 가정요리를 즐기니 별미예요. 서울에 가면 꼭 당신에게 손수 해드리겠어요. 그래서 레시피도 그들이 선물한 카드에 열심히 기록하고 있어요.

이 집 주부는 매일 아기 둘의 시중, 요리, 조리 등 한국 주부들보다 많은 양의 일을 하고 있어서 내가 부엌일을 약간 거들어주나 미안한 마음이 들어요. 그 외에는 모든 것이 잘되어가고 있고, 이곳 생활을 즐기고 있어요. 특별히 갈 곳도 없지만 이 집 사람들과 같이 나가거나 누가 와서 같이 나가는 일 외에는 꼼짝 안 하고 있어요.

사진 잘 받았어요. 혹시 시간 나면 단국대학교 72년도 입학안내서 한 권 부쳐주세요. 궁금해하는 사람에게 보여주게요. 그리고 올 때 가족사진이나 아이들 사진을 안 가지고 왔는데 보낼 것 있으면 부쳐주세요. 약은 부치지 마세요.

당신의 동순

1971년 8월 17일 밤

당신 편지는 눈물 없이 읽을 수가 없어요

그리운 당신에게

그저께 기숙사에 들러 사진과 편지를 받았고, 어제는 편지가 없을 것 같아 안 들르고 오늘 들렀더니 당신의 편지 두 통, 문자네 아이들, 기숙사에서 사귄 니콜레온(Nicholeon) 부인 등 무려 다섯 통의 편지를 한꺼번에 받았어요. 차례차례 읽고 마지막에 당신 편지를 읽었지요.

당신 편지는 항상 눈물 없이는 읽을 수가 없구려. 당신의 배려가 나에게는 고맙고 행복하지만 당신에게 너무 고통을 주고 있는 것 같아요. 사람은 너무 행복하면 눈물이 나온다지만 내겐 당신의 사랑이 너무 숭고하고 벅차서 나는 눈물인 것 같아요. 당신 말대로 나는 받을 줄만 알았지 주지는 못했으니.

이제 다시 만나면 당신한테 봉사하고, 사랑하고, 그 이상의 것도 할 테니 기대해보세요. 계림이 편지는 어쩌나 우스운지요. 가족들의 동태며 근황을 상세하고 재미있게 썼는데, 특히 당신에게 보내는 편지를 달콤하게 쓰래나요. 내가 너무 덤덤하대요. 계림이도 이제는 다 컸고, 아이들도 모두 말 잘 듣고 제 일들에 충실하고 건강들 하다니 정말 기뻐요. 당신도 몸무게가 늘었다니 정말 다행이구요.

어제 저녁은 토마스 목사 댁에서 초대해주셨는데 저녁을 맛있게 먹고 특별히 오이김치까지 만들어서 오래간만에 한국음식을 먹었지요. 그분들한테서 호놀룰루에 있는 김OO 목사 댁 주소를 받아서 오늘 편지를 써서 부쳤어요. 그동안 주소를 몰라서 인사도 못했었는데 두 분이 잘 아시는 사이더군요.

23일경에는 지금 있는 댁에서 코크 씨 댁으로 옮기는데, 옮기는 것이 조금 귀찮지만 이들의 생활과 식생활 등을 다양하게 볼 수 있어서 더 좋은 것 같아요. 매일매일 다른 메뉴로 식사하고 있기 때문에 배우는 것도 많고 기숙사에 있을 때는 그렇게 풍부한 메뉴에도 입맛이 없더니 이 댁에서는 아주 맛이 있어요.

9월 24, 25일경에는 기숙사로 들어가겠어요. 그리고 돈은 될 수 있는 대로 절약하고 있으니 안심하세요. 여기 사람들한테는 6개월 동안 있을 거라고 얘기했으며 당신이 방학 동안에 1월이나 2월에 데리러 올 거라고 했어요.

저는 공부에 열중하고 있어요. 돈 부치는 일은, 다른 이유가 있다면 몰라도, 당신이 올 때까지 내가 가지고 있는 걸로 충분하니 너무 신경 쓰지 마세요. 그리고 다른 아쉬운 것은 없어요. 그럼 안녕.

당신의 동순

1971년 8월 19일

거취 문제를 고민하며

그리운 당신에게

그동안도 집안이 다 편안하며 당신도 잘 계셨는지요. 오늘이 순자 결혼식 같은데 얼마나 수고하셨어요. 결혼식이 무사히 끝났는지 궁금해요. 이제 생각하니 축전이라도 쳐줄 것을 그냥 지나가버렸네요. 아무쪼록 둘이 행복하게 살기를 빌며 결혼을 축하한다고 전해줘요.

코크 씨 댁으로 옮기려던 것을 바꿔 그린 씨 댁으로 왔어요. 그린 씨는 건축가인데 한국 고아를 데려다 기르고 있어요. 일곱 살 때 데려와서 지금 스물하나로, 그러니까 14년 동안이나 친자식처럼 길렀어요. 아이는 고등학교를 졸업하고 대학 2학년 때 중퇴하고 지금은 직장에 나가고 있어요. 그러면서 이 큰 집을 두고 친구들과 아파트에서 자취를 한답니다. 그 말을 듣고 내가 놀라는 표정을 하니 여기서는 틴에이저만 되면 다 따로 나가 사는 것은 보통이고, 남녀가 같이 여행도 다닌다고 당연한 것처럼 이야기하더군요. 16~17세만

되면 차를 몰고 다니면서 놀아나서 부모들의 골칫거리랍니다.

그 아이가 어제 잠깐 집에 들러서 만났는데 어찌나 화려하게 차리고 짙은 화장을 했는지 꼭 인디안 처녀 같았어요. 아주 예쁘게 생겼어요.

그리고 거취 문제가 고민이에요. 나는 학기가 시작되면 기숙사로 들어가려고 계획하고 있었는데 만키네노 부인 얘기로는, 거기는 주로 1, 2학년만 있어서 시끄럽기도 하고 아이들이 버릇이 없고 매우 행동적이어서 우리 나이에 기숙사에 있다는 것은 좀 보기가 안 좋다네요. 그래서 기숙사에 들어가는 문제는 다시 생각하기로 했어요.

그리고 딘의 여자친구 말로는 정말 요리를 배우려면 오레곤대학에 가야 더 많이 배울 수 있대요. 그래서 지금 여러 가지 생각 중인데 사워즈 부인이 돌아오면 의논해서 학기가 시작하기 전에 결정하겠어요.

그리고 아스펜 홀은 방학 동안 문을 닫는다니 편지는 사워즈 부인 댁으로 보내주세요. 요새는 아침 7시 반경에 일어나서 아침을 먹고 책도 읽었다 텔레비전도 보았다 마음이 성급하고 조급해져요. 돌아가기 전에 빨리 영어에 불편을 안 느낄 정도가 되어야죠. 그래서 마음이 더 급해서 열심히 공부하고 있어요. 만나는 사람마다 잘한다고 칭찬하지만 그것은 내가 외국인이니까 하는 말이죠. 5, 6개월 있으면 어느 정도는 할 것 같아요. 요리도 요리지만 영어에 치중하고 있어요. 그래서 돌아와서는 보다 많이 얘기할 기회가 있어서 다행이죠.

그럼 안녕.

당신의 동순

1971년 8월 24일 밤

당신과 나의 체면을 위해 신중히 처신하겠어요

그리운 당신에게

일주일에 세 번, 정기적으로 이틀에 한 번씩 기숙사에 가서 당신의 편지를 받아오니까 애들 편지도 되돌아간 것 같지 않아요. 두 통이나 받았으니까요.

이 댁은 중년부부로 아들 둘은 살림을 나고 단 둘이 살고 있어서 더 조용한 시간을 가질 수 있었는데 부인이 병이 나서 오늘은 내가 아침, 저녁을 준비했죠. 설거지는 식기세척기로 하고 전부 융단을 깔아놓아서 며칠 동안 청소를 안 하고 지내더군요. 이곳에서는 어느 가정이나 세탁기, 오븐, 소제기 등을 다 갖추고 있어서 가정부 없이도 너끈히 지낼 수 있더군요.

또 내일은 사워즈 박사 댁으로 가야 하는데, 그분들은 그렇지 않다고 하지만 나는 좀 미안한 생각이 들어서 기숙사에 들어가지 않는다면 방이라도 빌려서 자취를 할까 하는 생각이 들어요. 그래서 이 댁 주인한테 물어보니 방이나 집을 얻기가 굉장히 힘들다고 하네요. 마침 이 댁이 건축 사업을 하는 집이라 집을 스물둘이나 빌려주고 있지만 다 차 있다고요. 그리고 오레곤대학에 가서 좀 더 체계적이고 좀 더 많은 시간(강의)을 가져볼까 하는 생각도 있어서 이러지도 저러지도 못하고 주춤하고 있는 형편이지요. 내일 사워즈 여사와 적극적으로 상의해보겠지만 당신 의견은 어떤지.

여기 사람들은 다 친절하고 마음에 들지만 그렇다고 여기만 있게 되면 귀중한 시간과 돈을 낭비하는 것 같기도 하고 거기 가게 되어도 역시 기숙사에 있고 싶지는 않아요. 왜냐하면 거의 같은 돈을 들이면서 불편하고 어울리지도 않게 어린아이들과 있고 싶지는 않아요. 만키네노 부인 말처럼 불쌍하게 보이고 싶지 않아요.

그런데 여기서 가장 불편한 것은 외출할 때죠. 특별히 갈 곳은 없지만 반드시 누가 와야 나갈 수 있으니 앞으로는 문제라 생각해요. 자동차 값은 얼마 안 되지만 면허를 받으려면 힘이 들 것 같아요. 왜냐하면 이곳 사람들도 한두 번씩 필기시험에 떨어진다는군요. 그렇지 않은 사람도 있지만요. 이것도 생각중이죠.

그런데 지금은 하나도 결정한 게 없어요. 아직 학기가 시작되려면 한 달 이상이 남았기 때문에 충분히 시간이 있어 신중히 고려해서 결정할 테니 염려 마세요. 절대로 경솔하거나 실수할 일은 아니할 테니 안심하세요. 당신의 의견은 어떤지요.

앞으로 더 상세히 보고하겠어요. 지금까지 나의 체면이나 당신의 체면에 조금도 손상이 되지 않도록 모든 몸가짐이나 행동을 일일이 조심하고 있으니 나를 믿고 안심하세요. 오직 당신의 편지를 읽는 동안이 가장 행복한 시간이에요. 생의 보람을 느끼면서 흐뭇한 시간을 연장시키고 있어요. 여기서는 시간이 어찌나 아까운지 마음은 조급하고 내 마음대로 머리가 돌아가지 않아 안타깝죠.

우리의 사랑이 영원히 변치 않기를 빌면서.

당신의 동순

1971년 8월 26일

• 추신

아스펜 홀은 다 비어서 문을 닫았지만 옆 사무실은 닫지 않으니 양쪽 어디든 상관없습니다.

시간을 아껴가며 열심히 공부하고 있어요

그리운 당신에게

오늘은 당신도 가본 크래터 레이크에 갔어요. 심프슨 가족과 10시경에 떠났는데, 거의 3시간 걸렸어요. 가는 동안 비가 오기 시작하더니 바람도 바람이지만 차에서 내리니 어찌 추운지 꼭 겨울 날씨 같아서 아름다운 호수는 구경도 못하고 실내에서 기념품을 구경하고 혜림이를 생각해 목걸이를 하나 샀지요.

그동안은 심프슨 가족이 여행을 다녀오느라 한동안 못 만나고 오늘 만났는데 무척 신경을 써주더군요. 좋은 부인이에요. 54세라는데 40여 세로밖에 안 보여요. 심프슨 박사가 애들 선물을 샀는데 항공편으로 부치겠답니다. 그래서 내 여름옷도 함께 부치기로 했어요. 아마 9월 말경이나 보름 후에 부쳐버리면 내 짐도 한결 간단해지겠지요. 부쳐도 되는지 가부를 알려주세요. 당신 서신을 받고 부치겠어요.

내일 오전에는 전화를 놓아줄 겁니다. 번호가 확인되면 곧 알려드리죠. 이 아파트로 이사 온 후에는 조용히 내 시간을 가질 수 있어서 자유로워요. 이 아파트에는 침실 하나, 칸 막은 부엌, 응접세트가 놓여 있어요.

그런데 한 달에 100달러를 지불합니다. 좀 비싸긴 하지만 한 달 동안이라 쾌히 승낙해버렸어요. 서울 있을 땐 모든 것을 다 당신이 결정해주었지만 여기서는 이런 경우 내가 결정해야 하는데 모든 것을 신중히 하고 있으니 너무 염려 말아요.

기숙사도 둘이 쓰는 방을 혼자 쓰면, 지난번에 지불한 대로 한다면, 4주에 172달러니 싼 것은 아니더군요. 당신에게 편지 쓰는 시간과 미국 부인들과 만나는 시간 외에는 공부를 하고 있어요. 텔레비전으로 듣기 공부를 하고 광고하는 동안은 책을 보거나 발음을 외우곤 하죠. 조금도 시간을 낭비하고 싶지 않아요.

어제는 사워즈 박사 댁에서 13명가량의 오레곤 후원회원들이 모여 모임을 가졌어요. 사워즈 댁은 학교 공관인데 파티에 필요한 기구와 음식을 전부 기숙사 요리장이 준비해 아주 화려한 파티를 가졌어요. 저는 파티가 시작되기 전에 음식 세팅하는 것을 잠깐 보고 돌아왔어요. 앞으로도 계속 파티가 있기 때문에 캘리포니아에 가서(조금 더 싸답니다) 사워즈 부인과 같이 필요한 물건을 100달러가량 사왔지요. 아주 좋은 공부를 했어요. 당신을 고생시키면서 헛되이 시간을 낭비할 수는 없어요. 주어진 시간에 최대한의 효과를 얻기 위해 노력하고 있습니다.

당신의 영원한 아내 동순

1971년 9월 1일

• 추신

홍OO의 주소는 아직 모르겠고 그동안 꽤 오래 못 만났는데 결혼 후 둘 다 직장에 나가느라 바쁘답니다. 일요일 저녁을 자기 집에서 하자는데 만나면 주소를 알아두겠어요. 어제 자기 친구와 잠깐 다녀갔는데 물어볼 사이가 없었어요.

전화로 당신의 목소리를 들으니……

사랑하는 당신에게

할 얘기가 많았건만 그처럼 짧은 시간인데다 잠결에 일어나 전화를 받고 당신의 목소리며 아이들의 목소리를 들으니 말문이 막혀서 아무 얘기도 못한 것 같구려. 그래도 당신의 목소리라도 들으니 한결 마음이 가라앉는군요. 거의 두 달 만에 들어보는 목소리지만 정작 하고픈 말을 더 못하니 이렇게 차분히 앉아서 편지를 쓰는 편이 좋을 것 같아요. 전화 받았을 때가 새벽 6시 반이었는데 서울 생각이며 당신의 모습이 도무지 지워지지 않아 다시 잠들지 못했어요.

오늘은 예정대로 사워즈 내외와 두 아이(딸, 아들)가 와서 같이 저녁을 했어요. 김치도 조금 담고 갈비찜, 생선전, 호박전, 만두, 나물 등을 해서 대접했어요. 접시하고 젓갈은 홍OO의 와이프가 가져와서 같이 준비했어요. 당신이 보내준 사진이며 학교 사진이며 잡지, 신문 등도 보면서 당신 얘기를 했지요. 당신이 애슐랜드에 오면 자기 집에 묵으랍니다. 사워즈 여사는 전부터 한국요리를 가르쳐달라고 했는데 오늘 저녁을 먹고는 어떻게 만드는지 꼭 알고 싶답니다.

그분들이 돌아간 다음에 홍OO의 와이프는 10시 반까지 놀다가 방금 돌아갔어요. 홍OO이 요즈음 3시부터 저녁 늦게까지 노동을 하느라 고생이 막심한 모양이에요. 한 달에 800달러를 받는다고 좋아하나 정말 힘이 들어서 못하겠답니다.

모래(화요일) 아침에 경비행기로 일찍 떠나서 저녁에 돌아옵니다. 점심은 그곳 총장이 한국 학생이며 학교 측 사람과 같이 하기로 잡아놨어요. 있을 곳을 확인하고 시간표를 보고 청강할 과목을 정할까 해요. 다녀와서 자세히 보고하겠어요. 만일 비가 오면 자동차로 가게 됩니다. 지금 애들의 사진을 들여다보면서 편지를 쓰고 있어요. 사진만 보면 애들과 당신이 더 보고 싶어지는군요. 그럼 안녕히 계세요.

당신의 동순

1971년 9월 13일

당신의 온 정열을 쏟아 학교를 발전시키세요

사랑하는 당신에게

열흘 동안에 당신의 전화를 네 번이나 받았구려. 하지만 그처럼 허무한 것이 또 있겠어요. 전화를 끊고 나면 더 허전한 것이 그림자만 스치고 지나간 것 같구려. 한 번 전화료도 상당할 텐데. 당신의 편지를 읽을 때마다 내가 너무 당신을 고생시키는 것 같아 가슴이 아프구려. 나도 아이들이 그립고 당신이 보고 싶고 당신의 평안한 사랑이 그립지만 이왕 여기까지 온 이상 조그만 목적이지만 예정한 일정을 마치고 어느 정도라도 목적을 달성시켜야겠어요.

당신이 오는 12월까지 부지런히 그리고 착실히 익히고 배우겠어요. 내일모래면 집을 떠난 지 어언 두 달이 되는구려. 나야 새롭고 낯선 사람들과 어울리고 새로운 것에 부딪혀나가니 어느 때는 조용히 공부할 시간이 아쉽지만 당신이 객지에 가고 내가 집에 남아서 당신의 귀가할 날만 손꼽아 기다리던 그때를 되새길 때 당신의 심정은 이해하고도 남지요. 당신의 편지을 읽으면 당신이 너무 처참해서 눈물이 나와 더 읽을 수가 없구려.

어제 오래간만에 허버트 박사와 만나 점심을 대접받고 사진을 전했어요. 그동안 어디 좀 다녀왔대요.

요새는 살이 쪄서 보기가 흉해졌어요. 당신이 그처럼 염려하니 차는 안 사기로 했어요. 별로 위험성은 없지만, 당신이 더 일찍 올지도 모르고 당신을 더 신경 쓰게 하고 싶지는 않아요. 오레곤대학으로 가는 문제도, 전화로 말했지만, 모두 중단하고 여기서 최대한으로 시간과 공간을 이용해서 배우기로 하죠.

제가 있는 동안은 모든 것을 아껴서 생활할 테니 당신이 올 때 선물이며, 경비를 가져오도록 하고 송금 문제는 염려하지 마세요. 저 없는 동안 학교 일에 당신의 온 정열을 쏟아서 학교를 발전시키도록 하세요. 저의 모든 것은 제가 신중히, 착실히 해나갈 테니 안심하세요.

영원한 당신의 동순

1971년 9월 18일

아이들이 커갈수록 근심도 같이 자라는구려

유일한 당신에게

오늘 전화로 애들과 당신의 목소리를 꿈결 같이 듣고 나니, 쓸쓸히 앉아 있는 당신의 모습이 떠오르고 애들도 어쩐지 쓸쓸한 목소리 같아서 얼른 달려가고 싶은 생각이 드는군요. 우리 아이들도 어린애로만 있지 않고 성인이 되어가고 있으니 근심도 같이 따라 자라가는구려. 부모가 근심하는 것은 당연하나, 아이들이 성인이 되는 하나의 과정이라 생각하고 나쁜 길로 들어서지 않도록만 주의하고 교육해야지요.

미국에서는 부모들이 자녀 문제로 심각하게 고민하는 것을 볼 수 있어요. 고등학생 때부터 이성 간의 교제는 물론, 20여 세가 되면 결혼 전에 부모 곁을 떠나서 자유로이 살며 교제하고 히피가 되어 부모들과 사회에 문제를 던져주고 있는 것을 볼 때, 한국의 자녀 문제는 그처럼 심각하고 난잡하지 않아 다행이라는 생각을 여러 번 했어요. 부모들이 이혼을 자주 하고, 부부만이 즐기는 환경 속에서 자녀들이 부모보다 더 모범적이고 건설적일 수는 없겠지요.

여기 대학생의 많은 수가 히피 모습을 하고 있어요. 이 히피들이 2세를 낳으면 어떤 세계가 될지. 세계적인 이 물결을 어느 누구의 힘으로도 막을 수 없을 것 같군요. 여기 부모들이 자녀 문제로 고민하면서 한국은 어떠냐고 물으면, 저는 한국에서는 아이들 때문에 심각하게 고민하는 부모는 드물고 대학에 들어가기 위해 열심히 공부해야 되기 때문에 이성과 교제할 시간이 없고, 외박이란 절대로 있을 수 없으며, 성인들의 이혼 문제도 극히 적다고 설명합니다. 그러면 그들은 아주 부럽답니다. 그러나 우리 애들이 다 20여 세가 되었을 때 지금처럼 안이하게 있을 수 있을지 겁이 나는군요.

어제는 오레곤의 학회 월례회에 게스트로 초대되어 점심을 같이 하고 그들의 활동을 보았어요. 그저께는 심프슨 씨 댁에서 부인과 같이 스파게티를 만들어 먹고 학교앨범이며 기념품 등을 보았어요. 두 분 다 한국을 좋게 보고 못 잊어 한다고 생각되더군요. 다른 내외도 있었는데 아주 부러워할 정도로 한국 얘기며 학교 얘기를 했어요. 그럼 또 쓸 때까지 안녕.

당신의 동순 올림

1971년 9월 20일 아침

당신을 만날 날을 손꼽아 기다립니다

사랑하는 당신에게

하루가 가면 당신과의 만날 날이 다가오고 하루가 더 가면 한 마디라도 영어가 늘어가지만, 당신이 아이들을 보살피고 학교 일에 그처럼 온 힘을 기울이며 쓸쓸히 하루하루를 보내고 있으니 어서 12월이 오기만 고대하고 있습니다. 이제는 다른 곳으로 옮길 필요도 없고, 안정되어 당신을 만날 날을 손꼽아 기다립니다.

당신이 이곳에 도착하면 이곳 사람들과 만나 인사도 하고 그동안 신세진 사람들에게 대접도 할 겸 며칠 있어야 할 거예요. 제 아파트는 당신이 와도 손색없이 맞이할 수 있어요. 호텔이나 다른 곳에 안 가도 이곳에 머무를 수 있어요. 침대도 트윈이고 둘이 살기에 알맞은 공간입니다.

학교도 그리 멀지 않고 이OO 군의 집도 바로 가까이 있어요. 이 군은 아직 도착하지 않고 있어요. 곧 도착하겠지만 다른 학생들은 거의 안착들 하고 있어요. 홍OO 군의 친구인 이 군은 오늘 대학원에 가기 위해 포틀랜드로 떠나고 한국 사람이라고는 홍 군과 저뿐이군요. 오늘은 좀 떨어진 곳으로 피크닉을 갔다 왔어요. 사워즈 여사, 캐로라인과 같이 갔다 왔는데 피크닉이래야 샌드위치를 싸가지고(음료수도) 가서 점심 먹고 산만 잠시 보고 얘기하다 돌아왔지요. 캐로라인은 먼저 내가 얘기한 적이 있는 이혼한 여자인데, 혼자 살기 때문에 나와 많은 시간을 같이 하죠. 아마 당신에게 편지도 할 겁니다. 주소를 가르쳐달래서 적어주었지요.

이곳에서 여러 사람들한테 식사를 대접받았는데, 저도 한국음식으로 대접해야 할지 모르겠군요. 이 군의 송별회 겸 해서 한 끼 대접하고 두어 번 초대했는데 한국에서처럼 여러 가지는 못해도 제법 구색은 갖출 수 있었어요.

이OO 씨 사모님께서 편지를 하셨더군요. 답장을 하겠어요. 자기 아들과 딸의 주소를 보내셨지만 거기까지 연락할 필요는 없을 것 같고 고맙다는 인사나 하겠어요. 몸 건강히 안녕히 계세요. 오직 당신이 존재하기에 저는 타향에서도 외롭지 않아요.

당신이 있기에.

영원한 나의 사랑, 당신에게 동순 씀

1971년 9월 22일

당신의 사랑은
튼튼하고 끝이 없는 굵은 거미줄

사랑하는 당신에게

당신의 편지와 함께 녹음테이프도 잘 받았어요. 음악도 듣고 당신의 육성도 감격스럽게 들었어요. 보잘 것 없는 저를 그처럼 사랑해주시니 나의 마음은 흐뭇하고 행복하지만 너무나 쓸쓸한 당신의 모습과 목소리에 눈물이 나와요. 제가 서울을 떠날 때만 해도 당신이 그처럼 고통스럽게 지내리라고는 생각하지 못했어요. 당신의 생애에 고통을 주는 것을 깨달을 때는 모든 것이 제 잘못이라고 생각하며 후회하지요.

우리들의 사랑은 정말 변함없는 진실한 사랑이라는 것을 생각할 때마다 무한히 행복합니다. 만일 당신의 사랑 없이 객지에 와 있다면 그처럼 가엾고 처량한 신세가 또 어디 있겠어요. 당신의 보이지 않는 무한히 튼튼하고 끝이 없는 굵은 사랑의 거미줄이 나를 용기 있게 살아가게 해줍니다. 또 타국인들도 당신의 아내로서 저를 극진히 대하고 신경을 써준다고 확신합니다. 저는 여기 오기 전 염려했던 것보다 모든 면에서 수월하게 생활해가고 있어요. 우리 다시 만날 때까지 이 충만한 행복이 조금도 상처입지 않기를 빌겠어요.

며칠 있으면 개학이군요. 거리에는 대학생들이 북적거리는 것 같고 기숙사에도 학생들이 많이 보이는군요. 어제는 여기 총장을 만났는데 당신이 오는 날짜를 알려달라고 하더군요. 그래야 자기대로 스케줄을 짜겠다고요. 그래서 당신이 여기 오시면 우리가 초대하겠다고 얘기했어요. 그들도 물론 당신을 초대하지만 우리가 그들을 초대해야겠지요. 영어시간을 등록하려고 했는데, 사워즈 박사가 등록하지 않고 듣도록 마련하겠다고 하더군요.

계숙이가 부탁한 필통을 사려고 아무리 찾아다녀도 통 없더니 어제야 겨우 구할 수 있어서 비행기로 부쳤으니 곧 배달이 되겠지요. 애들한테 굉장히 미안하군요. 선물이나 편지를 자주 해줘야 할 텐데 통 시간이 허락지 않는군요. 편지 답장도 할 곳이 많은데 잘 안 되는군요.

오늘 이OO 군 내외가 도착했다는 소식을 들었어요. 내일은 만날 겁니다. 아기를 두고 왔다니까 부인도 학교에 나갈지도 모릅니다.

요새 건강이 좋지 않으시다니 걱정이 됩니다. 건강에 조심하고 혜림이가 먹는 약을 좀 잡수세요. 식욕이 나면 매사에 의욕이 날 테니까요.

또 쓸 때까지 안녕. 당신의 녹음테이프 정말 고마워요.

당신의 동순

1971년 9월 23일

미국은 '바쁜 나라'라는 것을 실감하며

보고 싶은 당신에게

27일이 개강이기 때문에 시간표를 짜기 위해 본관에 가서 메이예(Meyea)라는 분을 만났어요. 그분이 추천하는 대로 영어와 타이핑하기를 합해서 네 강좌, 시간으로는 일주일에 11시간을 신청했어요. 등록하는 것이 아니기 때문에 변경할 수도 있고 줄일 수도 있어요. 이번 학기의 등록금은 거의 200달러인데 총장이 등록하지 않아도 되도록 조치를 해주기 때문에 큰 다행이라 생각해요. 사워즈 부인과 총장실에 들렀더니 총장은 안 계셔서 당신이 선물한 액자며 팻말을 보고 왔어요.

내주부터는 수업에 꼬박꼬박 들어가야 하고 숙제며 예습복습도 해야 하는데 따라갈지 모르겠군요. 열심히 하겠어요. 29일에는 공원에서 외국 학생 피크닉이 잠깐 있을 예정이고, 내일은 역사과 교수 부인들이 모여 저녁을 한다는데 초대받았어요. 10월에는 여기 고등학교 요리수업에 가서 잠시 돌아보기로 하고 오레곤대학에는

2, 3일(총장 댁에서 묵고) 가정과에서 교수하는 방법 등을 보려고 합니다. 이 일은 제가 원할 때 언제든지 갈 수가 있는데, 기회가 있으면 가고 그렇지 않으면 교통 문제로 못 갈지도 모릅니다.

오늘도 당신의 20일자 편지를 받았어요. 그 이튿날 부쳤으면 3일 만에 받은 셈이군요. 특별히 빨리 왔군요. 저 때문에 많은 신경을 쓰고 편지도 쓰느라 시간을 빼앗기니, 당신이 하는 일을 모두 생각해보면 당신의 몸이 둘이라도 힘들겠어요.

학교 빚 때문에 골몰하는 것을 생각할 때면 저절로 한숨이 나오지만 그처럼 양심적으로 진실하게 학교의 발전에 몰두하신 보람이 반드시 있겠지요. 당신을 정신적으로나마 돕지 못하고 객지에 나와 있으니 한편 미안하기 그지없군요. 저도 당신 일이 잘되도록 신명님에게 기원하겠어요.

미국은 '바쁜 나라'라고 하더니, 한국에 있을 때는 이해하지 못했는데 정말 실감하고 있어요. 여기 부인들은 항상 움직이고 있어요. 크든 작든 간에 일을 뒤로 미루지 않고, 조그만 짬이라도 나면 항상 일이든 놀이든 먹는 것이든 만들어서 사람이 시간을 이용하고 있다는 기분이 들어요. 여기 와서 또 하나의 소득이 있다면 시간이 사람을 스쳐가는 것이 아니라 사람이 시간을 헤쳐 나가는 방법을 알았다는 것이겠죠. 부인들의 움직임을 유심히 관찰하게 됩니다.

오늘도 밤이 깊어가는군요. 건강에 주의하시고 어떠한 고통이라도 견뎌 이겨서 앞날의 행복을 우리 함께 누릴 수 있도록 기원하며.

당신의 동순 올림

1971년 9월 24일

당신 어깨에 짊어진 짐이 가벼워지기를

보고 싶은 당신에게

어제는 역사과 교수들과 부인들이 모여 같이 저녁을 하고는 남오레곤대학의 풋볼 게임을 구경했어요. 마침 비도 오고 해서 한동안 보다 왔지만, 선수가 약 40명이 되기 때문에 경비가 너무 많이 들어 우수한 팀을 만들 수 없다는군요. 상대 팀과 많은 스코어로 지는 것을 볼 수 있었어요. 여기서도 선수를 스카우트하려면 돈이 많이 드는 모양이에요.

남오레곤대학에서는 김OO 교수님이 1월에 오시는 것으로 다 알고 있는데, 사워즈 박사가 김 교수가 영어를 잘하느냐고 두 번이나 묻더군요. 여기서 강의를 하려면 적어도 영어는 불편 없이 준비해야 할 겁니다. 그리고 유학생은 언제 오게 되는지요. 희망생이 있으면 속히 수속해서 보내세요. 단대 유학생이 여기서 공부할 수 있으면 학교 간의 유대도 두터워지고 학생은 등록금이 면제된다니(내가 알고 있기로는) 얼마나 도움이에요. 자비로 공부한다면 큰 부담이 아니겠어요. 학생 선발 때는 특히 영어에 중점을 두고 선발해야겠어요.

오늘은 당신의 전화를 받은 날이에요. 11월에 오실 예정이라는데, 그래도 두 달은 기다려야 하지만 너무 무리하지 마세요. 당신이 언제 오시든지 저는 준비가 다 되어 있으니까요. 언제라도 떠날 수 있고 언제라도 당신을 맞이할 수 있도록 준비돼 있어요. 여기 사람들은 12월에 당신이 올 거라고 다 알고 있어요. 지금 예정이 11월이라 해도 아직 밝히지는 않겠어요. 정말 떠날 수 있을 때 말해도 늦지 않아요. 여기로 떠나기 전에 사워즈 여사에게 편지를 하고 오세요.

내일 아침 8시부터 영어시간이 들어 있어요. 10시에 타이프, 1시에 영어, 저녁 7시에 영어, 이렇게 4시간이고, 수요일도 똑같은 시간으로 4시간, 금요일은 3시간으로 총 11시간이 되죠. 내일부터는 새벽에 일어나지 않으면 안 되겠어요. 내일 첫 시간이라 가서 들어보고 자세히 보고하겠어요. 모든 반이 학생 수가 꽉 차서 시간이 오버되어서 학장이 걱정이라고 하더군요.

오늘 당신이 보내준 녹음테이프를 다시 들으면서 행복해하고 있죠. 오늘은 일요일이라 배달부가 오지 않는 날이죠. 바로 문 앞에 편지 박스가 있어요. 저녁마다 한 번씩 열어 당신의 편지를 받죠. 물론 편지가 없는 날도 있어 섭섭하지만 매일매일 바라면 당신의 시간을 너무 빼앗게 되니 시간 있는 대로 쓰도록 하세요. 애들한테도 자주 편지하고 싶지만 너무 시간을 빼앗겨요. 애들에게는 편지보다 선물이 더 기쁨을 줄 거예요. 기회 있는 대로 조그만 거라도 보내줘야겠어요.

당신 어깨에 짊어진 짐이 가벼워지도록 하느님께 빌며 이만 자야겠어요.

영원한 당신의 동순으로부터

1971년 9월 26일

외국인 학생 환영회에 다녀왔어요

사랑하는 당신에게

연거푸 3일을 비가 내리더니 오늘은 바짝 개었어요. 가을 날씨라 좀 쌀쌀한데 둘레에 있는 높은 산에는 눈이 덮여 있어 이색적이군요. 최근 많이 걷지 않다가 하루 네 번 학교를 왕래했더니 다리에 알이 배 아팠는데 오늘은 한결 걷기가 가벼워졌어요. 교실은 난방장치가 되어 있어 덥고 밖은 쌀쌀해서, 옷을 껴입고 갔다가는 땀이 많이 나기 때문에 코트를 입고 가서 교실에서는 벗어야 됩니다.

오늘은 타이프 숙제가 있어서 타이프지를 사서 숙제도 하고 연습도 하고 돌아왔어요. 오늘은 강의가 없는 날이지만 학교에 가서 허번트 박사의 사무실에 잠깐 들렀지요. 창쪽 벽에 아시아 스터디(Asia study)라 해서 지도 옆에 한국에서 찍은 사진들을 열서너 장 붙이고 간단히 토를 달아 놓았더군요. 송별회(한국회관), 덕수궁, 공항, 경주 등에서 찍은 사진들을 재미있게 붙여놓았더군요.

어제는 외국인 학생 환영회가 있었어요. 야외에서 할 예정이었지만 비가 와서 실내에서 간단한 저녁을 먹었는데, 주로 일본, 중국, 아프리카, 에티오피아, 멕시코 등에서 온 학생들이고 허버트 박사 외에 많은 교수들도 참가했어요. 환영회라 하지만 1.50달러씩 받더군요. 식사도 거의 격식 없이 무난했죠. 저는 손님이라고 받지 않더군요.

72년에는 김OO 교수님이 교환교수로 오시고 73년에는 여기 역사과 과장 로젠트리터 내외가 한국에 가려고 계획하고 있어요. 한국말을 배우겠다고 해서 서너 마디 영어로 적어주고 왔어요. 사워즈 박사도 내가 적어준 것을 가지고 다니면서 연습을 하는데 오늘은 만나자마자 한국말로 인사를 하지 않겠어요. 로젠트리터 내외가 다 교수이기 때문에 같이 갈 계획을 하고 있더군요.

오늘 정원에서 찍은 사진을 잘 받았어요. 요사이 학교 일에 시달리고 저 때문에 그처럼 신경을 쓰고 해서 소화가 좋지 않다니 정말 걱정이에요. 건강에 유의하시고 편지는 일주일에 두 번만 해주세요. 혜림이가 먹는 약을 복용해보세요. 그럼 안녕히 계세요.

당신의 동순 올림

1971년 9월 30일

당신의 전화는 사랑의 척도?

그리운 당신에게

당신의 아홉 번째 전화를 받았군요. 전화료가 상당할 텐데. 한 번 통화료가 얼마인지는 몰라도 전화 거는 것도 당신의 성격을 나타내는 것 같군요. 받는 사람이야 전화 수를 사랑의 척도로 알고 받으니 흐뭇한 마음으로 받지만 당신 주머니가 가벼워질 거예요. 생각해서 거시구려.

8시부터 시작하는 수업은 읽기 수업인데, 어려워서 저한테 맞지 않고 너무 일러서 그만두기로 했어요. 아침 10시의 타이핑, 1시의 발음, 4시의 회화까지 총 3시간만 듣기로 했어요. 10시 수업이 끝나면 집에 와서 점심을 하고 1시 공부를 끝내고 타이프 숙제를 하느라고 학교에 있다가 4시 강의를 듣고 돌아오죠.

어제 저녁에는 학교 강당에서 금요일마다 정기적으로 영화를 상영하는 데 가보았어요. 한 사람에 75센트씩 내고 들어가더군요. 사람들이 강당에 가득 찼는데 이 요금도 적은 돈이 아닌 것 같아요.

같이 간 캐로라인이 저녁을 안 먹고 갔고, 또 영화가 재미도 없고 마침 필름도 끊겨서 다시 상영하기를 기다리는 동안 약 10분 만에 나왔어요.

그래서 햄버거를 사 집에 와서 먹으면서 여러 가지 얘기를 했지요. 당신에게 편지한 캐로라인은 요새 다시 남편과 재회해서 같이 지내고 있는데 곧 이사 나온 아파트를 청산하고 큰집에 들어갈 예정이에요. 이들이 결별한 지는 4~5년이 되고 별거한 지 2년이 넘는데 다시 재회하니 저도 퍽 기쁘군요.

오레곤대학에서 오라는 날짜가 10월 11일인데, 스케줄이 있다면 11월이라도 오라고 하기에 한참 망설이다 10월에는 그만두고 기회 있으면 11월에 가기로 어제 결정을 보았어요. 그분들은 2주 있으라지만 2, 3일이면 족할 것 같아요. 가을 날씨에 건강 조심하세요. 그럼 또 쓰겠어요.

당신이 오실 날을 손꼽아 기다리며. 안녕.

당신의 동순

1971년 10월 2일

영어가 조금 귀에 들어와요

사랑하는 당신에게

하루걸러 한 번씩 당신에게 편지를 쓰지만 편지를 안 쓰는 날은 당신이 쓸쓸해하고 있을 것 같아 불안한 마음이 되는구려. 오늘은 학교에 안 가는 날이라서 10시 반에 티 파티(tea party)에 초대받아 갔더니 홍차 한 잔에 케이크 한 조각을 주고는 수다들만 떨다가 헤어졌지요. 약 10여 명의 부인이 모였는데 한국에 꼭 가고 싶다고 해서 당신이 보낸 슬라이드를 보기로 했어요. 사워즈 여사는 이제 나를 만나면 한국말로 인사를 하고 단어를 열심히 외우고 있어요.

내일 아침은 극성스러운 여자 교수가 아침식사에 초대했는데 6시 45분에 오랍니다. 자기 강의가 8시에 있다고요. 점심은 초대 못하는지 아마 돈이 적게 드는 아침을 먹이고 싶은가 봐요. 아무튼 내일은 6시에는 일어나야겠어요.

오늘 우편국에 가서 하찮은 것이지만(혜림이의 그림물감과 당신 결로는 조그만 편지 뜨는 칼) 부쳤어요. 혜림이가 쓸쓸해할 것이 눈에 선해서 가엾게 보여요. 잠시나마 혜림이를 위로하고 싶어 비행기 편으로 부쳤으니 3~4일 안으로 들어가겠지요.

홍OO의 부인이 와서 불고기를 재어서 갔지요. 이들 내외도 11월 초에는 콜로라도로 직장을 구하러 떠난답니다. 홍 군은 노동이 싫고 힘들어 다른 직장을 구한답니다.

여기서 생활한 지 두 달이 지난 지금은 내가 생각해도 어설픈 (어설프기보다 듣기도 힘들고 의사도 잘 통하지 않던) 영어로 미국이라는 곳에 도착해서 두 번 달이 바뀌었지요. 제가 만족할 만큼 영어를 하기엔 까마득하지만 텔레비전을 보면 많이 귀에 들어오게 되었군요. 여기 부인들이 저희끼리 수다 떨 때는 알아듣기 힘들어요. 직접 제게 질문을 하면 알아들을 수 있는 정도죠.

앞으로 두 달은 지난 두 달보다 템포가 더 빨라지리라 희망하며 열심히 배우고, 전에도 말했지만 당신이나 나의 체면을 절대 손상시키지 않고 모든 일을 처리할 터이니 당신은 저에 대해서는 모든 것을 안심하고 직장과 가정에 충실하기 바랍니다. 안녕.

당신의 동순

1971년 10월 5일

여러 사람들과 식사를 함께 했어요

사랑하는 당신에게

당신이 부쳐주신 코트며 〈주부생활〉도 잘 받고 당신의 글도 잘 읽었어요. 내용이 참 좋아요. 스웨터도 내게 꼭 맞고, 아주 예쁘군요. 며칠 전에는 6시 45분에 아침식사에 초대받아 6시에 일어나 서둘러 준비해서 갔더니 벌써 열댓 명이 와 있었어요. 별다른 메뉴도 아니고 보통 먹는 스크램블에그에 베이컨, 팬케이크, 주스, 한 가지 더 있다면 햄 볼이 준비되어 있었어요. 서로 인사하고는 부지런히들 먹고 7시 45분에 그 집을 떠났는데 그런대로 인상적이었어요. 샤워즈도 그렇게 이른 초대는 처음이라는군요.

그런데 오늘은 아침 8시 반에 피크닉을 떠난다고 해서 아침을 먹고 기다려서 공원에 갔는데, 예상치 못한 아침 피크닉이라 아침을 먹었다는 소리를 못하고 두 번 먹었지요. 돌아오는 길에 테니스를 조금 연습했어요. 오늘 아침 피크닉도 아주 인상적이죠.

요사이 당신의 건강은 어떤지요. 당신의 짐이 너무 무겁고 힘에 겨우니 건강에 크게 관계되리라 생각되어요. 나의 큰 소망은 당신의 일이 잘되어서 평안한 나날을 가질 수 있게 되는 것이에요. 당신의 일이 잘됨으로써 우리 가족은 물론 친척, 학교의 모든 식구들이 잘살게 되니 당신의 힘이 얼마나 큰지요. 멀리서 당신에게 행운이 있기를 진심으로 기원하고 있습니다.

어제 저녁은 허버트 박사와 역사과 로젠트리터 내외를 초대했는데 이들도 음식이 아주 맛있다면서 많이 먹고 오랫동안 얘기하다 돌아갔어요. 이분들이 73년에 한국에 갈 예정이에요.

내주 토요일에는 만키네노 내외를 초대했는데 우리 집에 와보고는 벽에 그림이 없으니까 액자며 그림 등 여러 가지를 갖다 걸어주었어요. 분위기가 한결 좋아졌고, 역시 아무것도 없는 것보다는 장식이 필요하다는 것을 새삼 느꼈어요. 월요일은 수업이 5시간 있는 날이니 오늘은 이만 쓰겠어요. 안녕.

영원한 당신의 동순

1971년 10월 10일

이곳 양로원 시설을 견학했어요

사랑하는 당신에게

아침저녁으로 쌀쌀한 날씨가 계속되더니 저녁에는 가랑비가 뿌리니 추위가 예상되는군요. 추어지면 학교에 다니는 아이들이 고생스럽고 더 쓸쓸해할 것 같아 마음이 무거워요. 요새도 여전히 열심히 공부들 하겠지요. 그동안에 혜숙이도 잠시나마 다녀가고 지금은 배OO 사장님이 당신과 동무해주니 보채는 아기에게 사탕이라도 물려준 것처럼 마음이 좀 놓이네요.

배 사장님은 당연히 우리 집에 머무실 테고, 얼른 가시지 말고 오래 있다 가셨으면 좋겠군요. 배 사장님한테 일본에 증기다리미가 있는지 여쭤보고 알려주세요. 어제는 메드포드와 애슐랜드 중간에 있는 양로원에 가서 시설이며 살림방을 둘러보았어요. 말이 양로원이지 시설은 고급 호텔 이상이고 굉장히 큰 건물에 모든 것을 다 갖추고 있어서 모두 즐겁고 지내고 있어요. 66세부터 92세까지가 수백 명이 살고 있는데 멀리서 보니 모두 알록달록한 옷을 입어서 젊게 보이더군요. 작은 방은 9,000달러부터, 큰 것은 3만 3,000달러를 내야만 들어가고 다달이 200달러 정도를 더 내고 있어요. 아주 비싼 것 같아요. 남오레곤대학의 전 총장이 이곳 매니저로 있어요.

오늘 5시간의 일정을 마치고 유치원 보모들의 미팅에 가서 그들이 의견 교환하는 것을 듣고 그에 관한 영화를 보고 돌아왔어요. 지금은 특별히 요리 시간은 없지만 요리책을 가지고 일주일에 두 번 학생들과 공부하고 있어요. 내주부터는 학교 기숙사에 가서(일주일에 2~3시간) 보기로 했어요. 이OO 군 부인이 김이며 미역, 일본 차, 일본 된장, 당면 등을 한보따리 갖다 주었어요. 요새 샌프란시스코에 가서 사왔나 봐요. 안녕히 계세요.

당신의 동순 올림

1971년 10월 14일

하루하루 바쁜 나날을 보내며

사랑하는 당신에게

오늘은 일요일이라 당신의 편지도 기대할 수 없는 날. 일주일 동안 모아두었던 빨래며 집안 청소를 말끔히 하였어요. 만키네노 내외가 덩그렇던 벽에 이것저것 그림이며 액자를 갖다 걸어주어서 방 분위기가 한결 달라졌어요. 당신이 오기 전에 알몸으로 있는 침대에 덮을 담요하고 베개를 준비해야겠지요. 짐 생각을 하면 빌리고도 싶지만 당신이 온다는 연락을 받으면 살까 해요. 어제는 만키네노 내외를 초대해서 같이 저녁을 하면서 얘기했는데, 당신이 여기 오시게 되면 샌프란시스코로 마중 나가겠답니다.

여기 신문에도 났지만 한국에서는 학생데모로 9개 대학이 휴교를 한다니, 단대는 거기에 포함되지 않았으리라 믿지만, 그 때문에 더 수고가 많겠구려. 모든 일이 잘되기를 바라겠어요. 요사이는 배OO 사장님이 계셔서 말동무도 되고 운동도 같이 하니 심적으로 많이 도움이 되리라 믿습니다.

저는 3일은 학교에 매달리고, 3일은 시장에도 가고 편지 쓰고 볼일(초대)도 보고 숙제도 하고 공부도 하고 텔레비전도 봅니다. 그럭저럭 일주일이 지나가면 일요일은 주로 집안일을 하는 날이죠. 오늘은 홍OO 군 부인이 11월 2일에 떠난다고 한식으로 저녁을 초대했는데 그동안 배워준 것을 모조리 조금씩 다 만들었는데 아주 잘했어요. 이OO 군 부인도 놀랬지요. 오늘은 편안히 푸짐하게 저녁을 먹은 셈이죠. 저녁 후에 메드포드에 있는 극장에 갔는데 이 군 부인이 너무 맛있다고 많이 먹더니 몹시 체해서 중간에 나왔지요.

요사이 당신 건강이 극히 좋지 않은 모양이니 운동에도 너무 무리하지 말고 충분히 휴식을 취하세요. 과로하면 큰 병의 원인이 되는 것을 제가 잘 알고 있으니 과로하지 않도록 하세요. 그럼 안녕.

동순 올림

1971년 10월 17일

여러 파티에서
새로운 사람들을 만나고 있어요

그리운 당신에게

여러 가지 일로 건강이 좋지 않은데다 요사이 학생데모로 신경을 많이 쓰느라 당신이 애쓰는 모습이 눈에 보이는 것 같구려. 혜숙이가 시험에 합격했다니 정말 장하구려. 일본에 가서도 열심히 공부한 증거겠지요. 아무튼 잘되었고 문자도 빨리 수속을 해서 봄에는 갈 수 있도록 해주세요. 경장이가 애들 차를 끌게 된 것도 잘한 일이에요. 당신의 식사는 어머님이 계시니까 조금도 걱정은 안 되어요. 나보다도 더 꼼꼼히 보살피실 테니까요.

조금 있으면 김장철인데, 어머님이 그동안도 수고가 많으셨을 텐데 김장하시려면 정말 수고가 많으시겠어요. 저는 시간 나는 대로 아이들 크리스마스 선물을 보러 다닙니다. 항공료가 비싸기 때문에, 배로 부치면 7주가 걸린다니 내주 중에 부쳐서 크리스마스에는 받을 수 있게 하려구요. 당신이 도착하기 전에 책도 좀 사서 부치고 실습실용 기구도 몇 가지 사서 부치겠어요. 배로 부치면 항공편으로 하지 않아도 될 것 같아요.

요새 남오레곤대학에서 심포지엄을 가졌는데 프리스쿨(free school)이라는 새로운 교육방법에 대해서 여러 사람이 1시간씩 여러 번에 걸쳐 연설했어요. 재미있는 것은 워싱턴에서는 이미 3주 전에 프리스쿨이 생겨 운영되고 있다는 거예요. 미국은 앞으로 2, 3년 안으로 이 유형의 학교가 널리 보급될 것 같아요. 많은 학생들이 호응하고 있어요. 학점제가 없고, 선생의 간섭 없이 자기 하고 싶은 것만 하는, 그야말로 프리스쿨이 지금 움트고 있으니 세상은 자꾸 변해가고 있군요.

어제는 9시에 모이는 리셉션에 갔는데 군데군데 떼를 지어 수다들을 떨다가 밤 1시가 되어서야 겨우 헤어졌어요. 사워즈 내외가 주최자라 끝까지 있어야 해서 저도 먼저 오려고 해도 올 수가 없었어요. 내가 너무 늦은 것 같다고 했더니 이것이 일상적이라고 해서 놀라지 않을 수 없더군요. 홀에는 포도주와 비스킷, 치즈, 생야채뿐으로, 음식이나 음료, 티는 없이 자유롭게 수다 떠는 파티 같아요.

여기 와서 파티마다 참석하게 되니 낯익은 사람이 많아졌어요. 심포지엄에 가서 여러 사람과 인사를 하게 되니까 사워즈 부인이 내가 유명인이 되었다고 놀리는군요.

그럼 다시 쓸 때까지 안녕.

당신의 동순

1971년 10월 22일

돌아갈 때까지
당신과 아이들이 건강하길 빌며

사랑하는 당신에게

주말은 쉴 수 있는 날이면서도 이것저것 하다 보면 마음도 바쁘고 몸도 피곤해지죠. 일요일에 월요일을 기다리는 것은 당신의 편지를 꼭꼭 받기 때문이죠. 요사이 신문을 보니 데모가 꽤 심해서 많은 대학들이 휴업을 했다는데, 단대는 아직 신문에 나지 않아 안심했지만, 지금 순간에도 당신의 애쓰는 모습이 눈에 선해요.

어제는 목사 부인과 사워즈 박사에게 한국요리를 가르쳐주고 점심을 한국요리로 두 가족이 같이 했어요. 당신이 보내준 슬라이드도 같이 보았어요. 사진은 선명하게 잘 나왔지만, 같은 장면은 없어도 중복된 감이 들도록 탑이 많아요.

아직 사워즈 박사에게 명예박사 얘기는 안 했는데, 기회 있는 대로 하겠어요. 당신의 준비가 다 되었는지 몰라서 아직 말하지 않고 있어요. 로스앤젤레스의 동창들이 하는 일은 어느 정도 진척이 있는지요.

요새는 이OO 군이 전기밥솥을 빌려주어 편히 밥을 지을 수 있어요. 타이프 숙제를 하려면 학교에 가야 했는데 어제는 타이프도 빌려서 숙제를 했지요. 오늘 저녁도 두어 가지 요리를 하고 소금구이를 해서 같이 먹고 일찍 돌아왔어요. 당신에게 편지도 써야 하고 타이프도 치고 공부도 해야겠기에 텔레비전을 보고 가라고 붙잡는 것을 과일만 먹고는 곧 돌아왔어요.

이 군 내외도 한국에 갔다 오더니 많은 학생들이 골프를 배우고 있더라고 하면서 요새 골프를 치러 다녀요. 어제 연습장에 같이 가보았는데 필드에는 몰라도 연습장에는 한 사람도 없더군요.

항상 애들이 궁금하지만 다만 건강하게 아무 탈 없이 제가 돌아갈 때까지 무사하기를 빌면서. 아이들이 쓸쓸해할 것을 알지만 덮어둘 수밖에 없군요. 그럼 안녕히 계세요. 또 쓰겠어요.

당신의 동순

1971년 10월 24일

혜림이가 쓸쓸해하니 가슴 아파요

유일한 당신에게

종일 비가 오더니 산에는 눈이 덮여 있고 제법 쌀쌀해서 당신이 부쳐준 코트를 입고 학교에 갔어요. 코트 속에는 반팔을 입어야 교실 안에서 덥지 않지요. 때아닌 눈도 뿌렸지만 곧 녹아버렸지요.

혜림이가 무척 쓸쓸해하고 웃음을 잃었다니 정말 가슴이 아프군요. 그 편지를 읽고 곧 편지를 썼지만 내가 돌아가는 날까지 혜림이에게는 너무나 큰 상처를 주는 것 같군요. 이모랑 친구들과 그럭저럭 어울려 놀면 그렇게 쓸쓸해하지 않을 줄 알았지요. 토요일에는 이모 집에도 보내서 할머니하고 자고 오게 해보세요.

어제는 이OO 군 부인이 와 같이 기숙사에 가서 여러 가지를 배웠지요. 기숙생이 700명이 넘으니 한 가지 요리를 해도 그 양이 엄청나게 많고 메뉴가 매일 다채롭게 짜여 있어요. 저녁은 이 군 댁에서 갈비구이를 해서 아주 맛있게 먹고 신문도 보아서 한국의 소식을 알 수 있었어요. 점차 학교도 정상화돼가는 것 같아요.

어제는 당신 편지를 두 통이나 받았는데 당신이야말로 학교 일이 벅차고 집안일이며 아이들까지 일일이 보살펴야 하니 정말 피곤하고 휴식이 필요할 거예요.

편지는 너무 자주 쓰지 마세요. 하루걸러 받기를 바래요. 일주일에 세 번씩 당신에게 글을 쓰지만 한꺼번에 받으니 며칠은 공치게 되는군요. 저는 비교적 시간이 많으니 계속 쓰기로 하겠어요. 건강에 주의하고 안녕히 계세요.

당신의 동순

1971년 10월 27일

이제 당신의 건강도 저축하세요

사랑하는 당신에게

오늘은 당신의 전화도 받고 저녁에는 편지를 두 통이나 받았어요. 편지를 너무 자주 쓰고 온갖 신경을 다 쓰니 당신 몸이 견디겠수. 이제 애들 학비도 그만큼 저축했으니 당신의 건강도 저축을 해요.

벌써 5일이 됐으니 11월도 곧 지나갈 것 같아요. 5일쯤 서울을 떠나서 15일경에 도착하여 여기 며칠이나 묵을 예정인지요. 남오레곤대학의 스케줄을 보냈어요. 명예박사 수여는 시험 때가 적당할 것이라 생각해요.

오늘은 금요일이라 2시간 수업을 끝내고 오후에 이OO 군 부인과 골프 연습을 하고 저녁은 스테이크를 구워서 맛있게 먹었어요. 정말 연하고 맛있군요. 그들이야말로 여유 있는 생활을 하고 있지만 둘 다 겸손하고 잘 어울리는 커플이에요. 홍OO 군 내외는 갈 때 전기담요를 빌려주고 갔어요. 자기 어머니한테 말해서 빌려주었기 때문에 돌아갈 때 쉐리 친정에 주고 가야지요. 쉐리 어머니도 자기 딸에게 한국요리를 가르쳐주었다고 어찌나 고맙게 생각하는지 몰라요. 백화점에서 만났을 때 여러 번 인사를 하고도 가다가 도로 와서 고맙다고 인사하고 갈 정도로 고마워해요.

내일은 부인들에게 한국요리를 가르쳐주고 같이 저녁을 하기로 했지요. 15일 일요일에는 오레곤대학으로 가서 월요일이나 화요일에 시설이나 요리수업을 참관하고 화요일 저녁이나 수요일 아침에 돌아오겠어요. 수요일 저녁에는 부인들 모임에서 슬라이드를 골라서 보여줘야 합니다.

이번 토요일은 요리반(부인들)에서 각기 요리를 한 가지씩 만들어 가서 파티를 여는데 저는 스프를 맡기로 했지요.

세무 코트는 너무 짐이 되고 지금 있는 그런 코트도 따뜻하니 가지고 오지 마세요. 그럼 안녕히 계세요.

당신의 동순

1971년 11월 6일

오레곤대학에 초청받아 가기로 했어요

사랑하는 당신에게

오늘은 종일 바람이 불고 비도 함께 흩날리니 겨울을 재촉하는 것 같군요. 해마다 이맘때면 김장 준비에 마음이 부산하고 어떤 집은 벌써 김장을 시작했을 겁니다. 어머님께서 김장을 맡아 하시느라 정말 수고가 많으시겠지요. 어머님이 맛있게 담가놓으신 김치를 내년에 한국에 가서 먹을 수 있겠지요.

오늘은 시간이 없는 날이라 사워즈 부인과 메드포드에 있는 유치원 같은 학교 시설을 견학했어요. 오레곤에는 따로 유치원이 없고, 이곳에서는 자유롭게 놀 수 있고 간식이며 점심도 제공하기 때문에 아이들은 대부분 아침부터 저녁까지 이곳에 있어요. 보모들이 아이들을 맡아 돌보고, 노래며 놀이, 숫자 정도만 가르치고 있어요. 이런 학교는 대부분 주 정부에서 경비를 전부 부담하는데 이유는 가난한 집 아이들이어서 그렇대요.

시설은 비교적 잘되어 있지만 아이들이 장난이 심해서 정돈이 안 되어 있고 지저분합니다. 점심은 양로원에 가서 만났던 할머니가 우리를 초대해서 같이 맛있는 샌드위치를 먹고 돌아왔어요. 온 산에 단풍이 울긋불긋 들어서 경치가 아주 좋았어요. 종일 제가 운전을 했어요. 그래도 조금도 염려하지 마세요.

오레곤대학에서 사워즈한테 편지가 왔는데 17, 18일 양일간 가정과 행사가 있다고, 그때 오라는 내용이에요. 17일은 슬라이드(고적)를 상영할 예정이었지만 초청을 두 번씩이나 연기할 수 없어서 16일 오후에 떠나기로 하고 슬라이드 상영은 허버트 박사가 대신하기로 했어요. 그날 모임에서 허버트 박사가 한국에 대해 연설하기로 되어 있어요. 코밸리스는 버스로 갈 예정인데 마침 콜로라도까지 가는 편이 있어서 그분이 오레곤대학까지 데려다주기로 했어요.

그리고 부탁이 하나 있어요. 여기 도서관에 한국에 관한 서적이 6~7권 밖에 없고 그것도 경제에 관한 거라고 하더군요. 당신과 하와이에 같이 간 분 중에 인쇄소 하시는 분이 계시지요. 그분이 좀 도와줄 수 없을는지요.

그럼 오늘은 이만 쓰겠어요. 안녕.

영원한 당신의 아내

1971년 11월 9일

마음은 항상 화곡동 집을 맴돕니다

사랑하는 당신에게

그동안도 아무 탈 없이 애들이며 당신도 편안한지요. 마음은 항상 화곡동 집 이층과 안방을 맴돌고 애들이 엄마 없이 쓸쓸하게 지내지 않나 생각하면 마음이 답답해지는군요. 당신마저 떠나오면 애들은 기쁘면서도 더 쓸쓸할 테죠.

요사이 당신 마음은 한층 더 초조와 불안이 겹치리라 생각됩니다. 당신의 일이 잘되어 홀가분한 마음으로 떠날 수 있기를 바랍니다. 저는 학교에도 나가고 영어지도도 받고 모임에도 나가면서 그럭저럭 지내고 있어요.

요새는 이OO 군 부인 댁에서 자주 저녁도 같이 하고 신문도 보면서 서울 소식을 알게 되었습니다. 어제는 이 군의 생일이라 그들 가족과 고급 레스토랑에서 저녁을 같이 하고 집에 돌아와 게임도 하고 놀았어요. 또 메드포드로 가서 쇼핑을 했어요. 애들 선물을 고르는 데 많은 시간을 소비했지요. 결국 혜림이 장난감을 골라서 어제 부쳤어요. 작은 것이지만 애들이 받으면 조금이라도 위안이 될 테죠.

계림이 입학시험도 머지않아 있을 거라 생각이 드는데 성적이 어떤지 궁금해요. 당신 없을 때 보게 될 것 같죠? 계림이한테는 더 미안한 생각이 드는군요. 처음 보는 입학시험인데 성공하기를 빌며, 또 꼭 성공할 거라는 믿음이 생겨요. 12월을 손꼽아 기다리며. 오늘은 이만 쓰겠어요.

당신의 건강과 행운을 빌겠어요.

당신의 동순

1971년 11월 12일

당신 만날 날이 문턱에 다가왔어요

사랑하는 당신에게

여기는 코밸리스의 맥비클 총장 댁입니다.

사워즈의 주선으로 포트랜드에 가는 (작년에 졸업하고 지금 유니온식당에서 매니저 역할을 하고 있는) 학생과 차로 꼭 3시간 반 걸려서 4시 반에 총장 댁에 도착했어요. 내일과 모래는 학교에서 대부분의 시간을 보내고 2시 반에 학생이 가는 길에 편승하기로 돼 있어요.

저녁은 애슐랜드에 있는 분의 딸과 하기로 돼 있어서 곧 그의 아파트에 가서 간단히 저녁을 하고 돌아와 두어 시간 총장 부인과 얘기하고 있으니 8시경에 총장이 돌아왔어요. 이틀 머무르는 동안 매끼 다른 데서 식사를 하게 되어 있어서 이 총장 댁에서는 식사 스케줄이 없군요.

내일 7시까지 스케줄을 빈틈없이 짜 놓았어요. 총창에게 총장 직책이 어렵지 않느냐고 물으니 힘이 든다면서 여기도 경제 문제가 크답니다. 이분들은 거의 매일 회합이니 파티가 있어서 보기에도 퍽 피로해 보이고 지쳐 보여요. 남오레곤대학의 사워즈도 거의 매일 미팅이 있더군요. 그러려면 퍽이나 건강해야겠어요. 나 같으면 피곤해서 이겨낼 것 같지 않아요. 여기 총장 내외는 나이가 지긋하지만 부인도 점잖고 부드러워요.

당신이 답사 가서 보낸 편지를 받았어요. 잠시나마 골치 아픈 학교를 떠나서 순박한 시골 학생들과 어울려 지낸다니 내 마음도 안정되는 기분이에요. 12월 초에는 한국을 떠나고, 이제 11월도 반이 더 지났기 때문에 당신 만날 날이 문턱에 다가온 것 같아요.

나는 더 기다려야 하지만 당신은 곧 떠날 준비도 하고 두어 군데 들렀다 오실 계획이니, 이제 고독의 구렁에서 당신이 건져진 기분이에요. 이번에 김OO 교수와 같이 오시면 기숙사에 계시나요. 그리고 며칠이나 여기서 묵을 예정인지요. 그분들한테는 4일 정도 묵을 거라 얘기했어요. 여기 도착일자를 확실히 알려주세요. 그리 급한 건 아니지만 그분들도 스케줄을 짜야 하니까요. 내일 아침은 가정과 과장 댁에서 7시 반에 아침을 하기로 돼 있어 일찍 일어나야 해요. 더 피곤하기 전에 자야겠지요. 안녕.

당신의 건강과 행운을 빌며, 당신의 영원한 아내로부터
1971년 11월 16일

당신과의 재회를 꿈꾸며

사랑하는 당신에게

코밸리스에서 오는 길로 편지함부터 열어보니 당신이 답사에서 돌아와서 쓴 편지가 기다리고 있더군요. 나는 어김없이 일주일에 세 번씩 당신에게 편지를 쓰건만, 당신이 집에 돌아와서 편지가 한 통도 없으면 퍽 쓸쓸해하는 것을 보니 매일이라도 편지를 해야 할 것 같군요. 이제 나를 떠나보내고 후회하는 날도 얼마 남지 않았으니 조금만 더 참고 재회할 날을 기다립시다. 오늘 아침, 당신의 열여섯 번째 전화를 받았어요.

25일은 추수감사절이어서 주말까지 4일을 놀게 됩니다. 이날은 여기가 거의 텅 빈답니다. 모두 고향으로 가서 지내기 때문이죠. 저는 사워즈 박사 댁에 초대를 받았어요. 21일은 사워즈 박사가 포트랜드에서 회의가 있어서 오래 전부터 같이 가자고 제의해왔는데 하도 여러 번 말하기에 가기로 결정했어요. 그들 내외와 캐로라인 그리고 저까지 넷이 차로 갑니다. 23일 저녁에 돌아올 예정이지요.

오레곤에서는 가장 큰 도시랍니다.

이번 코밸리스에는 가기를 잘했어요. 이틀 동안 타이트한 스케줄대로 이것저것 보고 듣고, 여러 가지 참고할 책도 얻었어요. 짧은 기간이지만 얻은 게 많다고 할 수 있어요. 총장 부인이나 가정과 과장 등 교수들이 친절히 대해주었어요. 당신이 오면 꼭 들렀다 가라고 하더군요. 총장 부인에게는 은 티스푼을 선물하고 과장실에 놓으라고 당신이 부쳐준 전화받침을 주고 왔어요.

혜림이 장난감 인형은 받았는지요. 그리고 오늘은 화살꽂이판을 부쳤어요. 참, 배로 부쳤기 때문에 12월 말에나 받겠군요. 책과 애들 선물은 크리스마스 전에 받게 될 테니 아이들한테라도 잘 부탁하고 떠나세요. 오늘은 이만 쓰겠어요.

당신과의 재회를 꿈꾸며.

당신의 동순

1971년 11월 19일

호성이네에 무사히 도착했어요

늘 고마운 당신에게

시애틀에서 다른 사람들 짐과 섞여 나오는 우리 트렁크를 쉽게 찾아서 리퍼블릭항공사(Republic Airline)로 옮겨놓고 날씨 관계로 약 1시간 늦게 이륙해서 1시간 늦게 유진에 도착했어요.

호성이와 기정이가 어떤 모습을 하고 있을까 궁금했는데 호성이는 그동안 머리가 많이 길었고 골덴 작업복 같은 상의를 입고 있었어요. 살이 좀 쪘으면 했는데 별로 살이 찐 것 같지 않아요. 기정이도 수수한 모습에 배가 눈에 띄게 불러 있고 코가 약간 커진 것 같이 부기가 있더군요.

기정이는 진 바지를 입고 집에서 가지고 간 양털 코트를 입었는데 임부가 어떻게 진 바지를 입을 수 있느냐 하니까 임부를 위한 바지래요. 의사 말이 태아가 비교적 작은 편이라는군요. 여기 유학생 부인들 중에 활동을 하지 않고 놀고먹는 임부의 태아가 너무 커서 고생한 예가 많았답니다.

시애틀공항은 규모도 크고 설계가 잘된 공항이라는데, 입구를 찾느라 고생했어요. 짐을 찾은 후 안내해준 사람의 설명대로 바로 앞에 있는 입구에서 문 열리기를 기다렸지요. 그런데 엘리베이터인 줄 알았는데 지하철이었고 두 정거장 후에 내려 다시 에스컬레이터로 3층으로 올라간 후에도 200미터가량 더 가서 겨우 찾아갔어요. 백OO 실장이 그 무거운 짐을 들고.

기정이 어머님이 오실 때는 반드시 당신 말대로 시애틀까지 마중 나가야겠다고 결론지었어요. 날씨는 영상이지만 비가 내리고 있어서 으스스 추운 편이고 호성이 차로 곧바로 집에 도착했어요. 집은 전형적인 미국의 조그만 이층집인데 호성이 내외는 아래층을 쓰고 거실은 소파와 전등 하나, 티테이블에 텔레비전이 덩그러니 바닥에 있어요. 세간이 없는 것이 유학생답지요. 도착한 것이 저녁 5시경인데 조금 있으니까 캄캄해져요. 한국보다 빨리 어두워지는군요. 몇 가지 반찬에 미역국을 끓여서 저녁을 해먹고 전화를 받기도 하고 걸기도 하고 한창 바빴어요.

맥비커 총장이 출장 중이어서 내일 저녁 후에 방문하겠다고 하니까, 총장 부인이 자기가 파이를 만드니까 디저트는 자기 집에서 먹자고 했어요. 화각 선물을 가지고 백 실장과 넷이서 집에 갔더니 저녁 준비가 다 되어 있었어요. 총장이 돌아와서 같이 식사했는데,

외식을 좋아하지 않기 때문에 집에서 차렸다고 하더군요. 내외분이 일본에 다녀온 지 며칠 안 되는데 일본 어느 팀과 풋볼을 해서 지고 돌아왔대요. 식사 후 한참 이야기하다가 서로 피곤한 것 같아서 일찍 돌아왔어요.

당신은 요새 어떻게, 어떤 기분으로 지내는지 궁금해요. 나를 처음 미국에 보내놓고 처절하리만큼 외로워했던 그때처럼 되면 안 돼요. 나는 당신이나 계숙, 혜림이가 큰 어려움이 없을까 늘 걱정이면서도 새로운 환경을 접하고, 보고, 느끼고, 경험하기 때문에 당신에게 감사한 마음으로 지내고 있어요.

동순

1980년 12월 6일

애슐랜드에 머무는 것이 좋아요

당신에게

12시 10분 항공으로 백OO 실장을 유진에서 오마하로 떠나보냈어요. 호성이가 운전하는 차를 약 4시간 반가량 타고 왔는데, 오는 도중에 만들어 가지고 온 샌드위치를 먹고 난 뒤 시트에서 실컷 자고 있는데 기정이가 다 왔다고 깨워주어서 아주 쉽게 금방 온 것 같았어요.

사워즈 박사는 포틀랜드로 출장 중이고 사워즈 여사가 기다리고 있었는데 직장에서 방금 돌아온 뒤였어요. 아주 반가워해요. 예정대로 베버 박사 댁에서 멕시코식으로 저녁을 들었는데 성격 그대로 약간 정돈되지 않은 사택이지만 집안 가득 한국 물건들이 많이 걸려 있었어요.

어제는 금숙 씨 딸 결혼피로연에 잠깐 다녀오고 점심에는 경란, 송, 은영 세 학생을 불러다가 사워즈 여사가 준비한 저녁을 함께 하고 볼펜 하나씩을 주었어요.

내가 방을 얻을 예정이라니까 가까이 방을 얻으면 좋겠대요. 내가 애슐랜드에 있으면 학생들에게도 힘이 될 것 같고 도움을 주어야겠어요. 경제적인 면에서는 코밸리스에 있어야겠지만 기정이 어머니도 오실 예정이고 또 아이들에게서 자유를 박탈하는 것 같은 느낌이 들어요. 여기 있고 싶은 이유는, 낯설지 않고 주위의 모든 사람들이 친절하고 내가 있는 것을 기쁘게 생각하기 때문이에요.

나의 생활비 문제는 내가 있는 약 10개월 동안은 전혀 걱정하지 마세요. 약간 준비해온 것도 있고 알뜰히 쪼개서 쓸 테니까요. 기정이 출산비는 기정이에게 맡겼어요.

송OO 학생은 처음 토플성적이 500점 미만이었지만 이번에 567점을 받아서 열심히 공부한 흔적이 납니다. 오늘은 코튼(우리 집에 왔던) 여사와 새로 생긴 식당에서 샌드위치를 먹고 크리스마스카드를 사고 약간의 쇼핑을 했어요.

또 남오레곤대학에 가서 비자 연장 문제며 수업시간, 과목 등에 관해 여러 사람을 만나서 스케줄을 짰어요. 사워즈 여사가 금요일에 포틀랜드로 아들며느리를 만나기 위해 가는 길에 같이 갈 거예요. 아들 부부 사이에 문제가 생겨서 며느리를 만나서 뭔가 설득하러 간다고 하는데 내용은 잘 모르겠어요.

금숙 씨도 입이 마르도록 사워즈 여사가 좋은 사람이고 훌륭한 여자라고 칭찬을 하는데, 겪어보니 정말 좋은 분들이에요. 여기 사람들이 기정이를 칭찬하는 것을 자주 들어요. 정말 다행이지요. 물론 호성이도요.

그럼 몸 건강히 안녕.

당신의 동순 씀
1980년 12월 12일

지낼 곳을 정했어요

당신에게

요사이 어떻게 지내고 있는지 궁금하군요. 백OO 실장까지 같이 나와서 불편한 점이 한두 가지가 아닐 거예요. 백 실장이 여기서 떠날 때 12월 안으로 귀국하겠다고 했어요. 그래도 백 실장이 당신 곁에 있다면 도고에 있을 동안은 좀 덜 불편할 텐데 말이에요. 계숙이, 혜림이가 주부노릇은 잘하고 있는지요.

사워즈 댁에 거의 일주일 있는 동안 이 댁 두 분은 물론 많은 분들이 초대해주었고 학교 일도 잘 진행되어서 등록금은 아직 내지 않았지만 등록 서류를 냈어요. 일주일에 3과목 9시간, 일곱 번 나갈 예정입니다.

동대 황 교수도 식사 초대에서 만났는데 일본에서 지OO 교수와 함께 당신을 만났을 때 당신이 선뜻 300달러를 내주더라면서 아직도 감탄을 하더군요. OO이도 그런 말을 했어요. 그는 당신이 여유가 많아서 돈을 준 것이 아니라고, 당신의 철학에 대해 얘기해주었어요.

마침 경란이한테 전화가 왔기에 어려움이 있으면 얘기하라니까 지원받고 있는 돈으로 먹고 책 사고 전혀 어려움 없이 지내고 있다고 하면서 단지 처음보다 공부가 점점 어려워지고 있다고 해요. 비록 평점 A를 받는다 하더라도 정말 미국인 학생과 같이 평가받고 있는지, 외국인이라서 그렇게 주는지 불안하고, 앞으로의 석사학위 시험이 크게 불안하고 짜증스러워서 총장님께 그런 편지를 보냈다며, 대단히 죄송하다고 그때 일을 후회하고 미안해한다고 하더군요.

아파트는 사워즈 부인과 로젠트리터 내외분의 도움으로 신문 광고를 보고 문의한 다음 5, 6군데를 직접 가서 본 다음 정했는데 방 하나, 부엌, 조그만 리빙룸이 있는 아래층 아파트예요. 학교 길 건너로 그리 멀지 않은 거리여서 도보도 가능합니다.

가구는 거의 비치되어 있는데 그릇과 텔레비전이 없을 뿐이어서 여유 있는 사워즈 댁에서 그릇과 침대, 시트 등을 많이 빌려주었고, 로젠트리터도 내가 코밸리스에 가 있는 동안 필요한 물건을 갖다 놓겠다며 키를 맡겨놓으라고 해서 두고 왔어요. 전화도 신청을 해 놓고 왔어요. 애슐랜드는 옛 모습 그대로 변함이 없는데 학교 안에서 자라고 있는 기념식수는 아주 많이 자랐어요. 여기 물가도 8년 전보다는 배나 비싸진 것 같아요.

기정이와 호성이도 주말까지 시험이 끝나고 학교에서 보는 토플을 마지막으로 1월 4일까지 방학이에요. 기정이는 겨울학기는 학교에 문의해서 등록하지 않을 것이고 2주일에 한 번씩 정기적으로 병원에 가고 철분 영양제를 먹고 있어요. 기정이는 건강한 편이나 임부 누구나 그렇듯이 발에 약간 부기가 있지만 의사 말로는 당연한 것이라고 하더군요. 23일경에는 가 있을 아파트 주소를 아래에 적겠어요.

안녕히 계세요.

당신의 동순

1980년 12월 14일

(135 Lincoln St. #17 Ashland Oregon 97520/전화 482-1139)

호성이 내외는 믿음직하게 잘 지내고 있어요

그리운 당신에게

요사이는 어떻게 지내고 계신지 궁금하군요. 학교 일은 여전히 바쁘지요. 계숙이가 살림을 차분히 잘 관리해나갈 거라는 생각은 들지만 어떤지요. 호성이네에 와서 며칠이 지났어요. 호성이는 생각보다 알뜰하게 생활해나가고 가장으로서 손색없이 리드하고 있으며 기정이도 성격 그대로 남편에게 공손하고 차분하게 잘하고 있고 학교에서 보는 토플시험 결과도 향상되었어요.

호성이가 547점, 기정이가 530점이에요. 호성이는 반에서 두 번째 성적이라네요. 처음에는 듣기가 전혀 되지 않았는데 지금은 많이 들린다고 해요. 요 며칠 동안은 교통법 공부를 해서 가까스로 붙었는데, 세 번 만에 100점을 받고 붙었어요.

기정이도 방학이라 같이 공부하고 시험을 봐서 붙었지요. 어제부터 조금씩 운전연습을 하고 있는데 애슐랜드에 갈 때까지 조금씩 할 예정이며 당장 차를 살 계획은 아니지만 우선 면허를 받아

놓을 예정이에요. 기정이 해산 전에 아기 침대를 준비해야 하는데 중고를 찾아보기로 했어요. 새것은 꽤 비싸지만 중고는 찾으면 싸게 살 수 있을 것 같아요.

오늘 아침에 이OO 교수 사모님이 이곳에 오시게 되었다고 전화가 왔고, 임OO 교수도 23일 애슐랜드에 도착한다고 해서 사워즈 댁에 식구가 더 늘 것 같군요. 이 교수도 초대받아 우리와 같이 가기로 했는데 사모님은 언제 떠나시는지 아직 모르시나 봐요. 새해에는 편안히 나날을 보내도록 기원합시다.

당신의 동순

1980년 12월 18일

즐거운 크리스마스이브를 보냈어요

당신에게

여기는 오늘도 흐렸다 비가 오다 갰다가 다시 비가 왔어요. 하지만 영상이기 때문에 서울을 연상하면 아주 다행이라는 느낌이죠. 크리스마스가 다가온 지금의 서울은 많이 춥고 새로운 해를 맞이하려는 사람들의 발걸음도 바쁜 모습일 테죠.

오늘 점심에는 맥비커 여사와 애들과 같이 조그마한 식당에서 지난번에 대접받은 갚음으로 식사를 했어요. 내일이면 애들과 같이 애슐랜드로 가야 하기 때문에요. 23일에 맥비커 댁의 초대를 받았지만 그대로 떠나기로 했어요. 65명가량 모인답니다.

식사 후에는 아기 침대를 사기 위해 알바니로 부인 차를 타고 그라지 세일 몇 군데를 다녔는데 아기 침대는 없어서 못 사고 아기에게 필요한 것 몇 가지만 샀어요. 총장 부인은 몇십 가지나 되는 헌 애기 옷을 사더군요. 내 보기에는 너줄한 것 같은데 손녀가 일주일 전에 태어나 깨끗이 빨아서 주겠다고 하네요.

저녁을 해먹고 그라지 세일에서 사온 소설(10센트)을 조금 보고 텔레비전으로 약 2시간가량 영화를 본 다음 내일 떠나기 위해 짐을 꾸렸어요. 여기 충분히 있는 미역, 국수, 된장, 멸치, 이불 등을 챙기니까 아들집에서 세간 나가는 기분이에요.

사워즈 여사가 전화를 했는데 당신 편지가 와 있다는군요. 빨리 가서 받아보겠어요. 당신의 근황이 궁금하군요.

24일에 애슐랜드에 도착해보니 내 아파트에는 예상치도 않은 크리스마스트리에 전구며 데코레이션이 되어 있고, 로젠트리터가 보낸 긴 소파며 소제기 등이 정돈되어 있고, 트리 밑에는 선물까지 놓여 있어서 무척 놀랐어요. 텔레비전도 생겼어요. 금숙 씨 친구가 텔레비전 가게를 하는데 아주 큰 것을 260달러에 싸게 해주겠다는 것을 한국에 갈 때를 생각해서 망설였더니, 사워즈 여사가 컬러텔레비전이고 싸니까 자기가 사고 쓰던 것을 내게 빌려주었어요. 밥솥도 은영이가 두 개를 가지고 있다면서 빌려주어서 절약된 셈이죠.

오늘 아침 이OO 교수 사모님, 임OO 교수 등을 우리 아파트에서 만나뵙고, 보내주신 김과 달력 등을 잘 받았어요. 두 분 다 당신이 준 혜택에 대해서 누누이 고맙다고 말하더군요. 그분들은 지금 사워즈 댁에 묵고 있어요. 오늘은 크리스마스이브라고 그 댁 가족과 우리 모두를 초대해서 저녁을 베풀었는데 기정이가 피아노를 치고 모두 함께 노래를 불렀고 호성이와 사워즈 여사는 피리도 불고 게임도 하며 즐거운 시간을 보냈어요. 작년 우리 집에서 보낸 크리스마스 얘기도 나왔어요. 오늘 점심은 금숙 씨 댁에서 간단히 하고 사워즈 여사가 근무하는 셰익스피어 극장을 두루 안내받고 슈퍼마켓도 들러 구경했지요.

내 아파트는 연립주택처럼 지은 원룸 아파트인데 마침 침대 겸용의 긴 소파가 있어서 큰 불편 없이 기정이 호성이와 함께 있어요. 26일에는 한국에서 온 학생들하고 이번에 오신 분들을 모두 초대해서 우리 집에서 저녁을 내기로 했어요.

안녕히 계세요.

당신의 동순

1980년 12월 22, 24일

모든 일이 뜻대로 풀리는 새해가 되길 바라며

당신에게

서울은 요사이 영하 17℃ 나 된다고 하니 얼어붙은 한강이 눈앞에 보이는 듯해요. 추운 겨울을 지내느라 얼마나 고생이 되겠어요. 여기서 영상의 겨울을 지내는 것이 미안하기까지 하군요.

이 조그만 아파트에 와서 부족한 것도 조금씩 메우고 그동안 신세진 사람들을 청해서 저녁을 같이 했어요. 조그만 거실에 열댓 명이 앉고 서고, 카펫 위 맨 바닥에 앉아서 간단한 메뉴로 식사를 했어요. 하루는 한식 메뉴로 학생들과 교수들 그리고 사워즈 내외를 초청했어요.

요사이는 호성이 차로 운전연습을 열심히 하고 있어요. 주행시험에 합격하면 1,000달러 내외로 차를 살까 해요. 호성이가 떠나면 학교에 가거나 슈퍼에 갈 때 굉장히 불편할 것 같아요. 송OO 군도 요사이 사워즈 댁 트럭을 가지고 운전연습을 하고 있어요. 곧 테스트를 받으러 갈 거예요.

운전할 때는 각별히 주의를 하고 안전하게 할 것이며 미국에서의 운전은 당신도 알다시피 서울에 비해서 위험성이 적고 사람들도 법규를 잘 지키는 것 같아요. 크게 걱정하지 마세요. 8년 전에 550달러를 주고 샀기 때문에 인플레를 생각해 이번에는 1,000달러 내외의 것을 알아봐달라고 부탁했어요.

허버트 박사는 아직 만나지 못했어요. 오자마자 연락했지만 전화를 받지 않아서 알아보니 로젠트리터 얘기가 어딘가 여행을 갔다 온다고 했다네요. 이곳에 있었다면 초대했을 텐데 불행히도 못 만난 상태예요. 병도 악화되지 않고 건강한 편이라더군요.

루트 베버도 여러 번 만났는데 당신한테서 크리스마스카드를 받았다고 좋아해요. 오늘은 우리 아파트 식탁이 흔들거리고 의자가 셋인 것을 보고 자기가 쓰던 타원형 식탁하고 의자 셋을 싣고 왔어요. 아주 쓸 만한 것이에요. 먼저 것을 침실에 넣고 책상으로 쓰기로 했지요. 내일 모레면 80년 마지막 날인데 로젠트리터가 청했는데 망년회가 되겠지요.

오늘 운전 테스트를 받았는데 생각보다 세밀하게 해서인지 실패했어요. 송 군은 어제 떨어졌고요. 며칠 후에 다시 응시하려고요.

호성이 정규과정 문제로 많이 궁금해서 당신이 전화한 저녁에 맥비커 총장에게 전화를 했어요. 1월 5일 입학처에 가서 서류를 받아 과장에게 가서 학과 문제를 상의하라고 해서 기다리던 문제가 해결되었어요. 당신에게 직접 전화하려 했는데, 도고로 떠난 후인 것 같아서 우선 편지로 알려드립니다. 앞으로의 문제는 과목 선택을 잘 하고 학점을 잘 받는 것이지요. 호성이도 안타깝게 생각해 잘 해결하려던 문제이니까 각오가 되어 있으리라 봅니다.

아직 시큐로 총장은 만나지 못했지만 사워즈가 개학하면 만날 기회를 만들겠다고 했어요. 지금 내가 온 것도 알고 있고 수업 시간에 나가려 하고 있는 것도 알고 있다고요. 만나면 결연 문제도 상담할 수 있으리라 보는데 당신의 의견은 어떤지요.

만날 날이 결정되면 전화드리겠어요. 곧 새해가 밝아오는데 81년에는 당신의 말처럼 고생스러운 해가 되지 말고 모든 일이 뜻대로 풀리는 해가 되기를 진심으로 바라겠어요.

당신의 동순

1980년 12월 29, 30일

입학전형에 좋은 성과가 있다니 정말 기뻐요

당신에게

당신에게 전화를 걸고 바로 시큐로 총장 댁에서 사워즈 총장 내외, 로젠트리터 내외와 식사를 했어요. 사워즈 총장이 초대한 답례도 되고 정식 인사 겸 학교 측에서 와서 격식 있는 저녁을 대접받았는데, 화기애애한 분위기였고 집의 분위기나 가구 등도 주인공이 달라지니 많이 변화된 것 같아요.

사워즈 총장은 6월에 시큐로 총장이 한국에 가기 전에 당신이 여기 오는 것이 가장 좋겠다고 하면서 당신이 전화로 말한 대로, 언제 다시 한국에 와서 강의를 하지 않겠느냐고 물으니까, 당신이 여기 오면 대답하겠다고 말하래요.

며칠 전에는 사워즈 총장 댁에서, 도서관에 근무하고 내년 3월에 한국에 가고 싶어 하는 오트네스라는 교수 내외를 초대해서 저와 만나게 해주었어요. 부인이 대만 분이어서 가을, 겨울은 대만에서 지낸대요. 이분이 한국에 가고자 하는데, 확실한 조건 등을 알고 싶어 하는 것 같아 여기 일이 결정되면 인적사항을 보내도록 하겠어요.

여기 도서관에서 매년 못쓰게 돼서 나오는 도서가 상당한데 혹 학교에서 필요하다면 우송료 문제만 해결되면 활용할 수 있을 것 같아요. 어느 정도 가치가 있고 필요성이 있다면 폐기처분하기에는 아까운 것 같아요. 당신이 오면 다시 얘기가 될 수 있으리라 봅니다.

당신의 최근 편지로는 이번 입학전형에 많은 학생이 지원하고 좋은 학생도 많이 왔다니 정말 반가운 소식이군요. 임OO 교수도 여기 있으면서 걱정을 하곤 했는데 기쁜 소식이에요. 내년에는 더 좋은 학생이 많이 오도록 노력해야겠지요. 당신은 재정적으로 큰 곤란을 겪고 있는데, 필요하고 하고 싶은 공부지만, 나만 떠나와서 항상 미안하게 생각하고 있어요.

호성이가 가족하고 장모를 모시고 금요일(내일) 밤에 도착하겠다고 전화를 했어요. 내주에 공휴일이 있지만, 그 주에 시험이 많이 있어서 내주보다 내일이 편하다고요. 토요일 밤에는 용석이를 보여드려야 할 분들을 불러서 간단히 저녁을 대접할까 해요. 여기서 용석이 선물을 많이 사주었는데 갚아야겠어요. 조OO 교수 사모님께서도 용석이 옷을 사서 부쳐주셨는데 전화를 걸어보니 어제 한국으로 떠나셨다고요. 이 편지를 받으실 때는 인도네시아에서 돌아오셨겠군요. 여행은 어땠어요.

당신의 동순

1981년 1월 5일

등교 후 첫 일주일이 지났어요

당신에게

등록을 마치고 첫 등교를 한 일주일이 바쁘고 유익하게 지난 것 같아요. 실습시간을 제외하고는 모두 50분 아니면 1시간 15분으로 쪼개서 수업을 하니 일주일에 하루로 묶는 것보다 합리적이라고 느껴져요. 이곳은 선생과 학생의 접촉이 잦고, 지루하지 않고, 적당히 넘어가지 않고, 알찬 시간을 갖는 것 같아요. 단대도 지금은 수업이 일주일에 여러 번으로 나뉘어 있으리라 생각되지만 내가 다닐 때만 해도 묶어서 일주일에 한 번, 3시간 연속강의가 많았지요.

여기서는 공식적으로 결강이 거의 없고, 어떠한 경우든 교수나 학생 모두 결강을 기대하지 않을 뿐 아니라 설사 부득이 결강된다 하더라도 보강을 시키거나 대강을 시킨답니다. 첫 시간에는 그 학기의 계획표를 자세히 만들어서 설명해주고, 짧은 한 학기 안에 두꺼운 책을 끝마치도록 합니다. 교과서 일부나 노트 몇 장으로 1학기를 마쳐야 했던 우리 처지와는 너무 거리가 있는 것 같습니다.

가장 주목해야 하는 것은 공부를 하지 않고는 적당히 넘어갈 수 없다는 것입니다. 교수는 학생들이 공부하도록 강하게 유도하는 방법으로 매일 숙제를 내주고 철저하게 감독하여 학점에 반영하기 때문에 강의시간뿐 아니라 강의실 밖에서 하는 공부 시간이 길어질 수밖에 없어요.

저는 당신 말대로 유익한 시간이 되도록 노력하고 있어요. 건강도 서울에 있을 때와 별로 차이가 없고 오히려 좋아진 편이에요.

혼자 있지만 식사는 충실히 하려고 노력하고 가끔 보리도 사서 먹고 있고, 가지고 온 고추장과 기정이네서 가지고 온 멸치, 된장, 미역 등과 당신이 보내준 김, 인삼 등 아쉬운 것이 없는 편이에요. 가끔 한국 학생들을 불러서 간단한 메뉴로 된장찌개, 김치, 고추장으로 점심저녁을 몇 끼 같이 했는데 굉장히 좋아해요.

어제는 임OO 교수가 사워즈 내외와 저에게 식사 대접을 해서 처음으로 정말 맛있는 비프스테이크를 먹었어요.

그동안 주행시험에서 95점을 받고 1월 1일에 라이센스를 받았어요. 사워즈 박사의 소개로 1,025달러를 주고 오토매틱이 아닌 것을 샀어요. 처음에는 오토매틱을 사려고 했는데 기름도 절약하고 한국에 돌아가서 직접 운전하는 경우를 생각해서 용단을 내렸어요. 면허는 호성이 차로 땄고 지금은 사워즈 여사와 송OO 군이 몇 번 가르쳐주어서 혼자 운전하고 다녀요. 처음에는 불편한 것 같았는데, 익숙해지니까 별로 불편을 모르겠어요. 물론 보험도 즉시 들었고 차가 71년형이지만 엔진 소리가 부드럽고 조용해서 주위에서도 잘 샀다고들 해요. 여기 사람들도 기름 때문에 오토매틱이 아닌 것을 많이 택하고 있어요.

대관령에는 눈이 많은지요. 여기는 눈이 없어서 스키장을 아직 개장하지 못하고 눈 오기를 기다린답니다.

그럼 안녕히 계세요.

당신의 동순

1981년 1월10일

• 추신

송 군에게 장학금 얘기를 했는데, '장학금을 받을 만한 자격이 있을까요' 하면서 굉장히 좋아하고 사워즈 내외에게도 당신이 송 군을 돌봐주어서 고맙다고 하더라면서 장학금을 보내주겠다고 하니까 좋아하는 것 같아요.

기정이와 아기 모두 건강하답니다

당신에게

전화로 거의 매일 통화해서 아기 소식은 들었지만, 지금 당신은 흐뭇한 기쁨과 함께 내 손자가 어떻게 생겼나 하고 궁금하기 짝이 없을 거예요. 막연히 호성이 아기가 생긴다고만 생각했는데, 전화로 아들이라는 말을 듣는 순간 정말 벅찬 기쁨을 맛보았어요.

임OO 교수도 여기 올 계획을 하고 있어서 아침에 동행했어요. 처음 장거리 운전이었지만 아무 지장 없이 바로 집으로 도착해, 기다리고 있던 호성이와 함께 병원에 가니 마침 아침 젖 먹이는 시간이라서 아기가 기정이 품에서 젖을 먹고 있었어요.

조산이 아닌가 걱정했는데 3.5kg나 되고 기정이도 건강해 안심이 되어요. 끓여간 미역국을 기정이가 맛있게 먹더군요. 아들을 낳아주어서 얼마나 고맙고 사랑스러운지요. 참 다행이지요. 당신에게 큰 선물을 안겨주었지요. 당신이 좋아하는 표정이 보이는 것 같아요. 간호원이나 산모들도 아기가 아빠를 닮았다고 말한대요.

그동안 하루에 3~4번 미역국과 밥을 해서 나르랴, 임 선생 및 가족들과 식사하랴 너무나 바빠서 편지 쓸 사이도 없다가 오늘 기정이 어머님이 도착하신 후 일찍 잠자리에 들어서야 한가한 마음으로 편지를 쓰는 거예요.

새벽 5시에 도시락을 싸서 시애틀로 기정이 어머님을 모시러갔는데 민OO 교수님과 따님, 사위까지 나와서 도와주었고 5시가 넘어서 무사히 집에 돌아왔어요. 8기통이라서 기름 많이 들지만 한국에 비하면 1/4밖에 되지 않아서 아주 다행이지요. 왕복 500마일에 50달러 정도 소비된 듯해요.

보내준 편지와 봉투는 잘 받았어요. 내가 좋아하는 것을 보내주어서 고마워요. 기정이 어머니는 메주가루며 없는 것 없이 고루고루 담아 오시고, 아기 물건도 세밀하게 해오셨는데, 나는 계림이가 아기를 낳으면 그렇게 할 수 있을까 하는 생각이 들더군요.

아기는 모유를 먹이고 있어요. 이곳 미국 의사들도 모유를 먹이도록 권장하기 때문에 병원에서는 우유를 먹이지 않고, 기정이도 모유로 기를 작정을 하고 있어요. 4시간마다 정확하게 아기를 데려다 주어서 젖을 먹이고 다시 데려가는데 말이 없는 기정이도 아기를 데려가면 금방 '보고 싶어요' 하고 빙그레 웃는 것이 대견스러워요.

병원에서 주는 식사는 보통 때 메뉴와 거의 다름없어요. 아침에는 토스트, 계란, 우유를 주고, 점심저녁도 일반 메뉴와 조금도 다름없이 세 끼뿐이어서 기정이는 집에서 갖다 주는 미역국과 밥을 맛있게 먹고 있어요.

다른 산모는 하루나 이틀 자고 퇴원하는데, 기정이는 초산이라서 3일 있다가 퇴원했는데 아직 한 푼도 병원에 낸 것이 없어요. 간호원 말로는 한 달쯤 후에 집으로 용지가 오는데 일시불로 지급하거나 월부로 내면 된답니다. 그리고 호성이가 학생이라서 학생보험이 있어 혜택을 보게 되었어요. 보증금이 없으면 입원조차 할 수 없는 한국의 사정과는 너무 대조적인 것 같아요.

용석이의 뼈마디로 보아서 호성이처럼 클 것 같고, 코도 크고 눈도 작은 편이 아니고 귀도 호성이 귀처럼 생겨서 큼직해요. 이렇게 적으니 당신이 더 아기가 보고 싶겠네요.

안녕히 계세요.

당신의 동순
1981년 1월 17일

격무 속에서도 즐거운 마음으로 지내세요

당신에게

연휴 3일을 만들기 위해서 워싱턴 초대 대통령의 생일을 16일로 정해서 관공서가 모두 쉬니 많이들 여행을 떠나 조용한 이곳이 더 한가해진 것 같아요. 일요일에는 의례적으로 학생들하고 상추쌈 싸서 점심을 먹고 한참 얘기하다 헤어졌지요. 은석이 학생은 3시에 아르바이트를 하기 때문에 일찍 돌아갔어요.

8년 전에 이곳에 있을 때 미국 여자와 결혼한 홍OO가 지금은 중국과의 무역으로 성공해서 학교에서도 인정하는 실업가가 되었어요. 지난번에는 학보 초청으로 저녁에 특강을 했고, 내가 와 있다는 소식을 듣고 집에도 들러 사방을 다 찾았으나 만나지 못하고 쪽지를 남기고 갔는데 유진에서 살고 있다면서 다시 한 번 오겠다는 군요.

요새 당신의 편지를 보면 너무 흔들리고 있어요. 이왕 결단을 내려 남들이 흔히 못하는 헤어짐의 기회를 만들었으니 좀 괴롭더라도 참아야겠지요. 더 행복한 만남을 위해서요. 우리는 축복받은 부부이고 가족들이에요. 우리의 건강이 유지되는 한 항상 축복 속에 살고 있어요. 오직 당신의 건강이 염려되는데 무거운 격무 속에서도 즐거운 마음을 갖고 작은 일이나 걱정되는 일에 집착하지 말고 밝게 사세요.

저는 여기 와서도 항상 식사 조절에 신경 쓰고 있기 때문에 몸무게는 좀 준 것 같지만, 여러 면에서 좋아지고 있는 것 같아요. 기후도 좋고 공기도 좋을 뿐 아니라 한국에서는 좀처럼 먹기 힘든 오렌지를 정기적으로 매일 먹고 있어요. 생활도 단순하고 아주 피곤한 생활이 아니기 때문에 몸에도 좋은 것 같아요.

어제는 혼자 한가한 마음으로 메드포드 세일에 갔어요. 그동안 거의 쇼핑할 마음의 여유가 없었지요. 블라우스라도 하나 사려고 돌아보았는데 도무지 우리 취향에 맞는 것이 없고, 계숙, 혜림이한테 맞는 선물이라도 살 수 있을까 몇 군데를 다녀도 하나도 살 만한 것이 없어서 팬티스타킹 몇 개, 콜드크림 하나만 사가지고 돌아왔어요.

내 여권 연장은 여기 학생회의 베네트 씨가 맡아서 해주고 있어요. 81년 12월 말까지 신청했어요. 여기는 눈이 예년보다 적게 왔고 날씨가 더워 눈이 거의 녹아서 스키 타기에 충분치 않은가 봐요.

코튼 여사는 약 3주 전에 불란서로 스키 타러 갔고 3주 있다가 온다고 했는데 아직 돌아오지 않았어요. 로젠트리터가 스키 타러 가게 되면 나도 같이 가기로 했는데 눈이 오지 않는군요. 저는 오직 하나 가지고 온 불경을 틈틈이 읽으면서 생활의 지침으로 삼고 살고 있어요. 모두 건강하기를 빌면서.

당신의 동순

1981년 2월 17일

서서히 귀국 준비를 하고 있어요

당신에게

요새는 항상 귀국할 것을 생각하며 시장도 보게 되고 서서히 귀국할 준비를 하고 있어요. 여러 사람들의 선물도 가볍고 비싸지 않고 좋아할 것으로 무엇이 있을까 궁리가 많지요. 용석이 여권은 곧 나올 것 같고, 비자 문제는 잘 알아본 후에 착수하기로 했으니 5월 안으로 될 거라고 보아요.

차를 벌써 샀다고요? 빠르기도 하군요. 귀국 선물로 너무 큰 것을 받은 셈이군요. 감사드릴게요. 차값도 여기에 비하면 너무 비싸고, 기름값도 3~4배나 하니 운전수 월급과 기름값을 생각하면 엄청나요. 여기 경험을 살려서 운전은 될 수 있으면 직접 할 예정이에요. 그래야 외출도 적어지고 따라서 기름도 절약할 것 같아요. 운전수는 고용하지 마세요.

귀국하면 서울보다 도고에 많이 있고 싶어요. 여기 좋은 공기 속에 있다가 서울 공기에 건강이 나빠질 것 같은 기분이 들어서 아마 시골집에서 많이 보낼 것 같아요. 귀국하면 의생활보다 식생활에 중점을 두고 당신과 우리 가족의 건강에 신경을 많이 써야 할 것 같아요.

안녕.

1981년 5월 12일

다시 태어나도 오늘처럼

2015년 5월 7일 초판 발행
2015년 12월 20일 2쇄 발행

지은이 장충식 · 신동순
펴낸이 김수복

기 획 김남필
제 작 성두현
마케팅 김민배
펴낸곳 노스보스
등 록 1968.2.27 : No. 제03-00095호
주 소 경기도 용인시 수지구 죽전로 152
전 화 031-8005-2405
팩 스 031-8021-7154

값 17,000원

ISBN 978-89-7092-543-1 03810

* 'NOSVOS'는 라틴어 'Nos(우리가)'와 'Vos(당신을)'의 합성어로
지혜로운 삶을 지향하는 분들에게 유익한 도서를 펴내겠다는 의지를 담고 있습니다.